キヨミズ准教授の法学入門

木村草太

星海社

25

SEIKAISHA SHINSHO

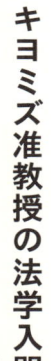

CONTENTS

Prologue

疲れる通学路から始まる物語

駅を出て、山を登る。それから、谷を下り、再び山を登る。これが、僕の通う高校に至る道だ。ごく控《ひか》え目に言って、かなり疲れる通学路だ。

通学の苛酷《かこく》さの穴埋めなのか、カリキュラムは緩《ゆる》い。僕たち2年I組は、水曜午後の授業がない。3年生になるとさらに授業は減り、月曜から金曜まで午後の授業がまったくなく、日によっては1限もない。なぜ、これほど緩いカリキュラムになったのか、については、おいおい語る（かもしれない）。

僕は、4月の第2水曜日の放課後、ちょっと変わった社会人、というより、半社会人、あるいは反社会人たちに「赤ひげ小人《こびと》」で出会った。それがキヨミズ准《じゅん》教授とワタベ先生だった。

Chapter 1

赤ひげ小人のハン社会人たち

「赤ひげ小人」は、県立図書館の脇《わき》にある古ぼけた喫茶店だ。マスターの倉井さんは、ロボットのように生真面目《きまじめ》で、掃除と紅茶をこよなく愛する初老の紳士である。午後1時30分、図書館に行く前にランチを食べようと店に入ると、先客がいた。めがねをかけた細身の男性で、歳は30代後半といったところだろうか。熱心にランチメニューをにらんでいる。

僕は、その隣《となり》のテーブルに座った。窓から通行人を眺《なが》められるこの席が、お気に入りなのだ。ランチメニューを見ていると、先客が、ふいに話しかけてきた。

今年の法学入門は受講生が0名である

「やあ、いいところにいらっしゃった。私、今、サンドイッチセットとパスタセットのどっちにしようか迷っているんです。どちらがお勧めか、教えてくれませんか？」

ずいぶん決断力のない人だ。

「……。どちらもおいしいですよ。好きな方、頼んだらいいじゃないですか」

「いや、そうなんですけどね、私、すごく迷いまして。あ、そうだ、一つずつ頼んで、半分こすれば万事《ばんじ》解決ですね」

ずいぶんなれなれしい提案である。ただ、あまりに自然な口調だったので、僕は思わず、

「ええ、いいですよ」と言ってしまった。

「ありがとうございます。とてもうれしいですね」

こう言うと、彼は、「ああ、自己紹介を忘れていましたね。『清《きよ》い水』と書いて、よくシミズって呼ばれますが、読み方はキヨミズで、近所の港湾《こうわん》大学という大学で准教授をやっています」と言った。

「はあ。大学の先生ですか。今日は、お休みなんですか？」

僕は、何を話していいか分からず、適当に話をふってみた。

「いいえ。講義日です。3限、つまり午後1時から2時30分の講義ですね」

かなりどうかと思う発言である。今、時計は午後1時40分。これは、平気で遅刻を繰《く》り返す「名物教授」という奴ではなかろうか。いぶかしそうな僕の気配を察したのか、キヨミズ准教授は、弁明を始めた。

「あ、いや、べつに、講義さぼっているんじゃないんですよ。実は、講義をやろうとして教室に行ったんですが、誰もいなくて、しばらく待っても誰も来そうにないので、意を決して教室を出てきたんですね」

「はあ。……」

大学では、履修《りしゅう》したい授業を学生が自分で選ぶらしいが、その結果、誰も来ない授業というのが発生することもあるのか。ずいぶんな状況だ。その場合、教授はお給料を減らされたりしないんだろうか？　そう思っていると、キヨミズ准教授は続けた。

「それで、図書館にでも行こうとフラフラ歩いていたら、この素敵なお店を見つけたんですね」

僕は、この先生にふと興味を持った。一人も受講生がいない講義をやる、というのは、かえってすごい気がする。

「その受講生が一人もいない講義って、なんの講義なんですか？」

「講義の名前は、『法学入門2』ですね」

「法学入門？　それって、法学部の人ならみんな受けたがるんじゃないですか？　なんだって、一人も受講生がいないんですか？」

キヨミズ准教授は、ちょっと困った顔をした。そして、なんとか説明しようとする。

「それは、私の講義をきっと誤解してますね。法学入門って、刑法とか民法とか独占禁止法とか著作権法とか、世の中にある法律をかいつまんで、要点教える講義だと思っていませんか？　それは、私の大学だと『法学入門1＝法学通論』ってやつですね。そちらは、受講生たくさんいるんです。各法律の入門的な内容をいっぺんに聞ける、魅力的な講義ですからね。法学部以外の学部の学生さんも、たくさん受講します。

でも、私が担当しているのは『法学入門2＝法学原論』っていって、法の概念・法解釈の方法論・法命題の構造・法秩序論といったテーマで、抽象的な話ばかりやる講義なんですね」

……。テーマを聞いただけでは、何が何やら分からない。敬遠されるのも仕方なさそうだ。そう思っていると、キヨミズ准教授は続けた。

「実は、私が学生だった頃も、この法学原論ってのは不人気でしてね。いやあ、しかし、残念だなあ」

あまり残念そうではないけれど、キヨミズ准教授は、そう言った。

マスターの倉井さんが、サンドイッチとパスタを運んできた。ハムチーズサンドにはピクルスがはさんであり、パスタはなんとナポリタンだ。古き良き日本の喫茶店は、こうでなければ。

「ああ、取り分け用のお皿をお願いします」

キヨミズ准教授が頼んだ。倉井さんは、特に不快そうな顔もせず、いつもの笑顔でそれに応じてくれた。キヨミズ准教授は、当たり前の顔をして、僕の向かいの席に移り、サンドイッチとパスタをきっちり半分に分ける。話題に困った僕は、つい失礼な質問をしてしまった。

「あのう、そんなに不人気なら、なんでそんな講義やるんですか？『法学通論』だけにしちゃえば、いいじゃないですか？」

「ははは。もっともですねえ。でも、そういうわけにもいかないんですね。『法学原論』は、法学というものの考え方の基本の基本を教えるんですね。うーんと、そうだなあ、強い野球部を作るには、バッティングとか紅白戦みたいな実践練習だけじゃなくて、走り込みとか、筋力トレーニングとかが必要でしょ。

法学原論もそんな感じで、基礎をしっかりやらないで、いきなり不動産売買の契約のやり方とか、窃盗犯《せっとう》をつかまえて有罪にするやり方とかを教えても、法学部生として、力がつかないんですね」

それなりに、法学原論の大事さが伝わってくる発言だ。どうやら、キヨミズ准教授は、見た目ほどは無茶苦茶な人間ではなさそうだ。いや、見た目だって、いわゆるソフトインテリで、それほど無茶苦茶じゃない。無茶苦茶なのは、いきなりサンドイッチセットとパスタセットを半分こしようとか言い出す言動だ。

「なるほど。でも、結局、受講生はゼロ名なんですよね？」

僕が聞くと、キヨミズ准教授は、走り込みの不足を指摘された投手のように、痛いところをつかれた、という顔をした。

せっかくなので「法的三段論法」について……

と、そのとき、新たな客が入ってきた。「性格の悪そうなサラリーマン選手権」の日中韓三国の代表の顔を足して、3をかけたような人相《にんそう》の男だった。そのお客さんは、キヨミズ准教授の顔を見ると、「あっ、キヨミズさん、こんな所で会うとは意外だな。確か、今日、講義だったよね？　もしかして、今年も受講生ゼロ？」と声をかけ、彼の隣に座った。

「あはは。お察しの通りです。まだ、履修登録締め切りには時間がありますが、今年も履修者がいなくて閉講《へいこう》かもしれませんね」

キヨミズ准教授は、笑いながら答えると、僕にそのお客さんを紹介してくれた。

「紹介します。同僚のワタベ先生です。知的財産法っていう分野で、えーっと、著作権とか特許《とっきょ》とか、そういうのが専門の先生ですね」

すると、紹介されたワタベ先生は、「こんにちは」と僕に会釈《えしゃく》をして、キヨミズ准教授に聞いた。「この人、誰?」

……。まっとうな疑問だ。

「このお店のお勧めメニューを教えてくれた方です。お勧めに従って、サンドイッチセットとパスタセットを半分こしたんですね」

その言い方では、僕の方から半分こを提案したようだ。誤解されなきゃいいやと思っていると、キヨミズ准教授は続けた。

「えーと、そういえば、お名前を聞いていなかったですね」

しょうがないので、僕は名乗った。「どうも、こんにちは。キタムラです。三つ隣の駅の山の上にある高校の2年生です」

「どうも。同僚がお世話になりました。この人、ちょっと変なんだよね。まあ、見れば分かるか」

そう言うとワタベ先生は、マスターにサンドイッチセットを注文した。彼はさっそく、キヨミズ准教授に突っ込みを入れる。

「ところで、あいかわらず受講生ゼロって、シラバスになんて書いたの?」

「今日の分ですか？　ええと、『法的思考の構造――法的三段論法・法命題・法源論』と書きましたね。せっかく新1年生も入学してきたことですし、法的三段論法について伝えねばならない、と思ったわけですね」

「法的三段論法？　あー、そういえば、昔、法学入門の時間に習ったな。そんなに大事なことだっけ？」ワタベ先生は、ちょっと呆《あき》れたように言った。

「ワタベ先生。法的三段論法というのは、われわれ法律家にとって、すごく大事な論法でしょう。忘れてはいけないですね」

こう言うと、キヨミズ准教授はパネルを取り出した。授業で見せるスライドの原稿らしい。

キヨミズパネル1

法的三段論法

大前提　Aという要件《ようけん》を充《み》たした場合には、Bという効果が発生する　**法命題**

（例：窃盗をした者には、10年以下の懲役《ちょうえき》を科《か》すべきだ）

小前提　この事実Cは、Aという要件を充たす　**事実へのあてはめ**

（例：勝手に自転車を持ち去るというCの行為は、窃盗に該当《がいとう》する）

結論　従って、事実Cから、Bという効果を発生させるべきだ
（例：よって、Cには、10年以下の懲役を科すべきだ）

具体的な規範

「ほら、これが法的三段論法ですね。美しいでしょう」自画自賛だ。しかし、ワタベ先生の意見は違ったようだ。不機嫌と興味なしの間くらいの態度で、こう言った。

「これ、意味ある？　法律を勉強すれば、当たり前に身につく思考方法でしょ。なんで、こんなことわざわざ教えるの？」

「ええ、まあ、そうなんですけどね。でも、この意味するところって、結構、深いんですね」

数学を愛する人が、美しい公式を解説するような口調だった。

「そうなんですか。べつに、パッとしない思考方法に見えますけど」

と、僕。ワタベ先生は、そりゃそうだという表情で解説を促《うなが》す。

「キヨミズさん、これのどこがポイントなの？」

「そうですねえ、まず、法というのは、ある事実関係の下で、人がどのように行動すべき

かを示すルールの一種ですね？　例えば、借りたお金を返さない人がいた、交通事故でけが人が出た、ものを盗んだ人がいた。そういうときには、関係者がどう行動すべきかを示す規範が必要になりますね？」

「そりゃ、必要でしょ」

ワタベ先生は、相変わらず不機嫌と興味なしの間くらいの態度だ。

「そうなんですね。でも、ルールを示す作業には、いろいろ方法があるんですよ。まあ、単純なのは、その事実関係を見て、直観的にどうすべきかを考える、という方法ですね。これは、よく『裸の価値判断』って呼ばれます。

段階を踏まずに、いきなり、その事実関係でどうすればいいかって、考えるわけですね。例えば、ひどい犯罪の報道に触れたとき、その行為が何罪にあたるのかなんて考えずに、『これ死刑だろ』とかって考えちゃうことありますよね。それが『裸の価値判断』です」

こう言うと、キヨミズ准教授は2枚目のパネルを出した。

キヨミズパネル2

裸の価値判断と法的三段論法

裸の価値判断

事実 ―直観→ 価値判断（こうすべき）

法的三段論法

大前提（一般的要件・効果）→ 小前提（事実の包摂《ほうせつ》）→ 価値判断（こうすべき）

「こうすべき、っていう価値判断が、直観だけで出てきちゃうんですね」

僕は、キヨミズ准教授のパネルを見ながら聞いてみた。

「そうですね。これに対して法的三段論法は、大前提を立てて、事実関係をそれにあてはめる、という段階を踏んで、結論を出しますね」

僕は、ふとお腹が空《す》いているのを思い出し、ナポリタンを食べた。キヨミズ准教授の話は、ちょっとだけ面白くなってきた。

法とは、一般的・抽象的な規範である

「ところで、この『裸の価値判断』って、あまりよろしくない判断だと思いませんか？　何か、こう身勝手というか、そんな感じがしますね」

確かにそうかもしれない。しかし、ワタベ先生の意見は違った。

「そうかな？　ひどい犯罪を見たときに『こいつ死刑だな』とか、無茶な投資で失敗しちゃった社長を見て『全財産没収だな、こりゃ』とか。世間の人は、そういう直観って、だいたい皆一緒だと思っているんじゃない？　わざわざ法的三段論法をやるわれわれ法律家の判断なんて、迂遠《うえん》だと思う人も多いでしょ」

身もふたもない言い方だけど、確かにそうだ。やっぱり、ワタベ先生の言うことが正しそうだ、と思っていると、キヨミズ准教授が口を開いた。

「ええ。そうかもしれませんね。でも、人間の考え方はいろいろあるわけで、なんで死刑なの？　とか、全財産没収は厳しすぎない？　とか言う人も、出てくるでしょう。そういう場合、『裸の価値判断』って、説得力あります？」

「説得力ないかもしれないね。じゃ、どうすればいいわけ？」

ワタベ先生の口調は、不機嫌と興味なしの二極の間から、やや不機嫌よりに移ってきた。

「そうでしょう。法的三段論法っていうのは、いろいろな考え方がある中で『こうすべきだ』って判断、つまり規範的判断を共有するための優《すぐ》れた方法なんですね」

なるほど。でも、どういうところが優れているんだろう？　そう思っていると、キヨミズ准教授が、僕の表情を読み取ったのか、話を続けた。

「あのですね、キタムラさん。法的三段論法は、具体的事実関係をひとまずおいて、冷静な視点から議論を組み立てる論法なんですね。まず、三段論法の大前提のところから考えましょうか。さっき説明したように、この大前提は、『A：人を殺した者には、B：死刑または無期もしくは5年以上の懲役を科すべきだ』というような、A：条件とB：帰結《きけつ》の二要素からなる文章になっているわけです。この文章のA：条件の部分は『要件』、B：帰結の部分は『効果』って呼ばれますね。

法というのは、要件と効果のセットを示した規範のことなんですね。それを表現した命題のことを、法命題と言うんですね。法的三段論法の大前提には、この法命題というのが置かれるんですね」

こう言うと、キヨミズ准教授は法命題のパネルを出した。

キヨミズパネル3　法命題とは何か？

法命題（Rechtssatz）＝Ａ：要件＋Ｂ：効果
のセットでできた規範・ルールを示した命題

例1　Ａ：人を殺した者は　**Ｂ**：死刑または無期もしくは5年以上の懲役
例2　Ａ：金を借りた者は　**Ｂ**：約束の期日までに利子をつけて返せ
例3　Ａ：表現の自由を侵害する立法は　**Ｂ**：無効である

↓
法的三段論法の大前提になる

見たことのない横文字が入っている。僕が、こんな英単語知らないなあ、っていう顔をしていると、キヨミズ准教授は「ああ、これ、レヒツザッツって読みます。Recht（レヒト）

は法、Satz（ザッツ）が命題の意味です。ドイツ語なんですね」と解説してくれた。

「Satzは、設定されたもの、くらいの意味だよね。『文章』とか『定式』って訳してもいいと思うんだけど、なんでまた、Rechtssatzは、法文とか法定式じゃなくて、法命題って訳すわけ？」

ワタベ先生が聞いた。法学者は、ドイツ語が理解できるらしい……。

「本当に妥当《だとう》している法かどうかを、問題にする余地があるからですね。それが真《しん》か偽《ぎ》かという検証の対象になる言説《げんせつ》のことを命題と言いますが、法的三段論法の大前提に置かれる法についても、その妥当性を検証する余地があるんですよ。だから、今お話ししている文脈では、法命題と訳すのがいいと思いますね」

ふーむ、命題とは、検証の対象になる言説か。ちょっと話が抽象的なので、少し聞いてみた。

「法命題が検証の対象になる、というのは、具体的にはどういうことですか？」

「例えば、法的三段論法の大前提が『10円以上の現金を盗んだら死刑』みたいな無茶苦茶なものだったら、ちゃんとした結論は出てこないですよね。ですから、そういう大前提に置かれた命題を、本当に前提にしてしまっていいのか、別の命題を置かなきゃいけないんじゃないか、って考えなきゃいけない、ということですね」

ここまで話したところで、ワタベ先生にもサンドイッチとコーヒーが運ばれてきた。キヨミズ准教授は、ワタベ先生が食事を始めて大人しくなったのをいいことに、先を続けた。

「で、ここからが大事なんですけど、法というのは一般的・抽象的じゃなきゃいけない、と言われています。法的三段論法の最初に置く法命題も、一般的・抽象的な命題じゃないとダメなんですね」

「一般的・抽象的って、どういうことですか?」と僕。

「固有の対象が指示されていない、あるいは固有名詞が出てこない、あらゆる人に適用されるということですね。例えば、『キヨミズは、私の言うことをなんでも聞くべきだ』という命題は、一応、要件が『キヨミズであること』、効果が『私の言うことを聞け』という要件・効果のセット、法命題の形式はとっているわけです」

「そうですね」

「でもですね、『キヨミズ』とか『私』とか、そういう固有の指示対象を伴《ともな》っている規範は、法的三段論法の大前提に置いてはいけないということになっているんです。もし、それができるなら、結局、その事案の結論をいきなり示す『裸の価値判断』と同じになってしまいますね」

「そういえば、法学を勉強すると、最初に、『法というのは一般的・抽象的な規範なんだ』って習うね」

ワタベ先生は、昔を思い出したようだった。

「そうですね。それは、『裸の価値判断』とは違う法的三段論法に基づく冷静な議論をするには、一般的・抽象的な命題から議論を始めなくてはいけない、という意味なんですね」

こう言うと、またキヨミズパネルが出てきた。

キヨミズパネル4

大前提となる法命題

法的三段論法の大前提

＝法命題（Rechtssatz）＝要件（〜をした人には）＋効果（〜すべきだ）

固有名詞（キヨミズ、ワタベなど）・固有の指示対象（私、あなたなど）
⇐要件・効果に、
が入ってはいけない

うーん。抽象的で、ちょっとイメージができないところもあるけど、キヨミズ准教授の言っていることにも一理《いちり》ありそうな雰囲気だ。そう思っていると、彼は、一息ついてサンドイッチを食べ、コーヒーを飲みながら、「いやあ、ここのピクルスは絶品ですねえ」と言った。倉井さんは、「ありがとうございます」と一言《いちげん》して、とっくに食べ終わった僕のお皿を片付けた。

「まとめますと、『裸の価値判断』では、問題となっている具体的な事実関係を見て、いきなりこうすべき、ああすべき、と結論を出します。これに対し、法的三段論法では、いったん話を抽象化して、これと同種の事案ではどうすべきか、という議論をやるんですね。こういう手順を踏むと、冷静な視点を保てるから、みんなが納得する結論になりますね」

「そういうものかね？」

ワタベ先生は、自分は説得されていないぞ、という態度を示した。

「そういうものだと思いますね。『裸の価値判断』の何がマズいかというと、その人固有の感情や考え方が、色濃く反映されてしまうんですね。例えば、ワタベ先生、キタムラさん。お二人が、保育園の先生だったとしますね。こんな場面を想定して下さい」

こう言うと、キヨミズ准教授はまたパネルを取り出した。

キヨミズパネル5

どっちが悪い？

保育園の園庭遊びの時間。仮面ライダーオーズとウルトラマンメビウスのどちらが強いかで、口論になったタツキチ君（5歳）とシンキチ君（4歳）。タツキチ君は、**「シンキチのバ～カ。お前なんか、カメのおならになっちゃえばいいんだよ」**と挑発。怒ったシンキチ君は、タツキチ君の肩を突き飛ばす。

あなたは、そんな場面に遭遇《そうぐう》した保育士さんです。二人に、どんな対応をしますか？

「受講生ゼロのわりに、ずいぶん準備してるね」

ワタベ先生が呆れたように言った。

「ははは。もちろん、受講生ゼロの予測はしていましたが、講義の準備はきちんとしておくのがプロというものですね」

例年受講生がゼロなら、パネル以前に、受講生の数を増やそうと工夫するのがプロではないか？

「保育園でこんなことがあったら、そりゃ、何はともあれ、人に手を出してはいけないってシンキチ君に教えるよね。その上で、タツキチ君に悪口はいけないって諭《さと》すのが筋でしょ。それとさー、なんだって、保育園が舞台なの？」

ワタベ先生は、さらに呆れたように言った。僕も同感だ。

「それは、保育園の幼児クラスというのが、最もシンプルな人間社会の一例だからですね。私は、4歳の娘を保育園に通わせていまして、毎日、保育園の子どもたちを観察しているから、生き生きとした描写ができるんですね」

僕とワタベ先生は、心底呆れた顔になっていたと思う。でも、このキヨミズ准教授という人は、人に呆れられる、という事態への感受性が極端に弱いみたいだ。何事もなかったように、話を進めた。

「さて、この保育園の事案ですけどね、たぶん、このパネルに書いてあることだけから判断するなら、そんなに不公正な判断にはならないと思うんですよ。べつに、シンキチ君もタツキチ君も、どんな子なのか、書いてないですからね。

でも、リアルに考えてみると、子どもっていっても、いろいろな子どもがいますからね。例えば、タツキチ君の方は、いけ好《す》かないお金持ちの息子さんで、普段からワガママ放題。朝は、『よお』とか言って登園して、工作の時間は、ハサミもノリも順番守らずに、他の子から取り上げてでも勝手に使う。当然、いつもトラブルメーカーです。食事も、魚が出るたびに『はーあ。なんでオレが、こんなマズいもん食べなきゃいけないんだよー』とか言う子どもだったとします。一方、シンキチ君は、工作やお散歩のマナーもばっちりで、お友達ともみんな仲良し。食事にお魚が出ても、実に洗練《せんれん》された食べ方で、骨だけきれいに残る、というような、いつも素直な良い子だったとしましょう。さて、問題です。このパネル、タツキチ君とシンキチ君、どっちが悪いですかね？」

「「そりゃ、タツキチでしょ！」」

僕とワタベ先生は、同時に口に出してしまった。

「ね。そう思うでしょ。でもですね、やっぱり『先に手を出した方が悪い』というのが、保育園のルールというものですね」

僕とワタベ先生は、まんまとのせられてしまった。

キヨミズ准教授は、満足そうに、残っていたナポリタンを食べきった。コーヒーを飲み、そそくさとパネルをしまう。

「まあ、いま見たようにですね、事実関係から直接、『裸の価値判断』をしようとすると、個人的な感情とか、問題になっている人物の他の場面での悪行《あくぎょう》とか、そういうものが入り込んでしまうわけです。そうすると、他の人が理解しにくかったり、過剰な罰を科すことになったり、といった問題が生じるわけですね」

「はあ。それで、事実関係をいったん脇に置いて、抽象的なルールを立てて議論をするわけですか」

僕は、確認のひと言を言ってみた。法的三段論法というものの意義が少し分かった気がする。

「そうです。キタムラさんは、高校生だというのに理解が早くてうれしいですね。うちの大学に来ませんか」

　僕は、まだ高校2年生になったばかりだ。大学には行こうと思っているけど、まだ、文系・理系も決めていない。その上、キヨミズ准教授がいる港湾大学は、結構な難関校だ。なので、このお誘いに、少なからず戸惑いを感じてしまった。

「あのね、キヨミズさん。高校2年生にそんなこと言っても、無茶でしょ」

　ワタベ先生は、また呆れた表情で言った。

「ははは。そうですね。ゆっくり考えて下さい。とにかく、法的な思考というのは、いったん一般的・抽象的な規範を立てて、冷静に議論をしてから、結論を出す、というものだ、ということですよ」

　こう言って、彼はまたまたパネルを出した。

キヨミズパネル6

裸の価値判断と法的三段論法の違い

裸の価値判断

事実関係 →（直観）→ 価値判断

法的三段論法

「一般的・抽象的法命題→事実の包摂→価値判断」 ⇐✕（遮断）＝（影響） **個人的感情や別件の悪行**

そうこうしていると、マスターの倉井さんが、食器を下げにやってきた。僕たちは、それぞれコーヒーをおかわりすることにした。倉井さんは、すごく上品にニコリと笑うと、厨房《ちゅうぼう》に下がっていった。このお店の常連には、この笑顔のファンがとても多いのだ。

法源と向かい合って、自分の考え方を相対化する

キヨミズ准教授が、おかわりのコーヒーを楽しんでいると、ワタベ先生が口を開いた。

「あのさ、キヨミズさんは、いったん抽象的な規範を立てて、それをあてはめて議論するのが法的思考だ、って言うけど、それって法律家特有の議論の仕方なのかな？　法律家じ

ゃなくても、そういう考え方をする人はいると思うんだけど」

「いやあ、鋭《するど》いご質問ですね。実は、一般的・抽象的な命題を大前提にした三段論法って思考方法だけなら、法学部の頭の使い方はそれほど特殊じゃないですね」

「そうだよね。『同じコストなら、GDPを増やすような経済政策をとるべきだ』っていう考えを前提にした政治家や経済学者の思考方法とか、『宵越《よいご》しの銭《ぜに》は持たねえ』っていう江戸っ子の思考方法とかも、一般的・抽象的な命題を、事実関係に適用する思考方法でしょ?」

言われてみるとそうだ。彼の顔は、妙に不機嫌そうで大人気《おとなげ》なく見えるけど、話を聞いていると、この人はちゃんとした先生なんだ、という気がしてくる。

「ははは。おっしゃる通りなんですね。ですから、法的三段論法は、法的思考、法律家の頭の使い方の重要な要素ですけど、それがすべてではないですね。法的思考で大事なのは、法が『法源』から導かれる、っていうとこですね」

キヨミズ准教授は、どことなく他人事《ひとごと》な空気でしゃべる人だ。

「ほうげん?」

ワタベ先生が、なんじゃそりゃ? という顔をした。

「法の源《みなもと》と書いて、法源です。いまワタベ先生がおっしゃった『GDPを増やせ』とか『宵越しの云々《うんぬん》』というのは、社会で無自覚的になんとなく共有されたものだったり、個人的な信条として選択されたものですね。これに対して、法というのは、人々が権威だと認める何かから導かれたものでなければならないんですね。法の源になる権威的存在。これが法源ですね。例えば、古き良き慣習なんかが典型です」

これを聞いて、ワタベ先生が疑問を述べた。

「慣習？　慣習から、法が導かれるの？」

「ははは。ワタベ先生は、知的財産法というすごく現代的な分野の先生ですからね。法律以外のものから法命題を導くなどということは、どうも気持ちが悪いでしょうね。でも、議会が作った法律の文書が、法源として認められるようになるのは、法の歴史の中では比較的最近なんですね」

どうやら、同じ法学部の先生でも、ワタベ先生とキヨミズ准教授とでは、だいぶ専門が違うらしい。キヨミズ准教授は、いったいなんの専門なんだろう？　そう思ったけど、キヨミズ准教授の話は続いていた。

「慣習から法を導く考え方は、非常に長い伝統があるんですよ。例えば、この山では毎年春から秋の最初の満月まで猟《りょう》を控《ひか》えてきたという事実から、禁猟すべき期間を導くような考え方ですね」

「ふーん。他に、法源っていうと、どんなものがあるわけ?」

ワタベ先生は、やはり不機嫌そうだった。

「慣習の他には、例えば、『自然・nature』がありますね。『自然』というのは、男性は妊《にん》娠《しん》できないとか、夏の次に秋がくるとか、そういう物事に本来備《そな》わっている性質という意味です」

うーん。なんだかちっともイメージがわかないので聞いてみた。

「自然から法を導く議論って、例えばどんな感じですか?」

「ははは。分かりにくかったかもしれませんね。例えば、親が子供の養育に責任を持つのは自然の摂理《せつり》だから、親には法的な養育義務がある、とか、無制限に戦争すると人間は滅亡してしまうから、戦争にもルールがある、とか。こういう自然を法源とみなして展開される議論を、自然法論と言いますね」

「ああ、そういうことを言いたいわけ」

ワタベ先生は、今度は、不機嫌と興味なしの二極のうち、興味なしよりの口調で言った。

「はい。ワタベ先生がおっしゃった法律の文書というのも、もちろん、立派な法源です。現在では、議会が作った法律だけが法源になる、と考えられているので、慣習や自然から法を導くことは、あまりないですね」

なるほど、法律の文書も法源なのか。でも、ちょっと頭がこんがらがってきたので聞いてみた。

「すいません。法律の文書って、法命題そのものという感じがするんですけど、それも法源なんですか？」

「文書それ自体と、その意味というのは、概念としては区別できますね。法というのは、規範であって、頭の中にしかないものです。これに対して、それを表現した文書、法源としての法律文書というのは目に見えるモノですね。両者は、紛《まぎ》らわしいですけど、区別すべきですね」

キヨミズ准教授がこう言うと、ワタベ先生が思い出したように言った。

「ああ、確かにそうだね。法律文書があるのに、その文書通りの法が妥当していない場合なんてのは、しょっちゅうあるな。うちの大学の教室には『飲食禁止』って貼《は》り紙が出てるけど、学生も先生も飲み物くらいは飲んでるからなあ。食べ物はさすがにやめとこうっていう空気はあるけど」
なるほど。飲食禁止という法律文書があるのに、実際に妥当している法命題は食べ物禁止なのか……。ここまで解説して、キヨミズ准教授はまたパネルを出してくれた。

キヨミズパネル7　様々な法源

法源（ある種の事実）　法規範

・慣習法の法源〈事実の繰り返し＝慣習〉→法
・自然法の法源〈神―創造→自然＋理性〉→法
・制定法の法源〈議会が制定した文書（の存在）〉→法

「うーん、それにしても、なんかまどろっこしいなあ」

ワタベ先生が、声を上げた。

「なんで、法源みたいなものに頼って、思考をしなきゃいけないわけ？　要するに、エレガントで皆が納得できる法命題を示して、人を納得させればいいんでしょ。何か、権威によりかかってモノ言うのって好きじゃないなー」

僕も同感だ。わざわざ、法源なんてよく分からない存在から法を導くなんて、価値判断の方法としてはまわりくどい。すると、キヨミズ准教授が言った。

「ははは。ワタベ先生らしいご意見ですね。おっしゃること、よく分かりますよ」

分かるらしい。

「でもですね、法律家は、べつに権威によりかかるために法源を使うんじゃないんですね。

――まあ、そういう権威によりかかるのが好きな法律家もたくさんいますけど、それでは法律家として二流です」

意外な言い方だった。僕は、法律家というのは、権威によりかかって、堅苦しいことをぶーぶー言う人たちだと思っていたんだけれど。

「ある存在が、法源だと認められるためには、社会の多くの人が、それを権威として認めている必要がありますね。自然を創造した神への敬意がない社会では、自然は法源になりえません。慣習だって、そうです。バカみたいに前例を踏襲《とうしゅう》するだけの判断は、単なる責任逃れに見えますね。多くの人が合理性を感じる慣習だからこそ、法源たりうるんですね。法源を意識し、そこから法命題を導く、というのは、法源に敬意を払い、自分の価値判断を相対化するために必要なんですね」

「は？　相対化ってどういうこと？」

ワタベ先生が聞いた。法学部の先生が分からないことなんだから、僕も当然分からない。

「そうですねえ。自分と考えの違う他人と判断を共有するには、自分のことをどれくらい相対化できているかが重要なんですね。相対化というのは、いろいろある中の一つ、として位置づけるってことですね。

例えば、『裸の価値判断』というのは、自分にとってあまりに自明《じめい》すぎて、なんで自分がそう考えたのか、説明することがなかなか困難ですね。さっきのタツキチ君の例だってそうです。タツキチ君が気に食わない、という価値判断をするのは簡単ですが、なんでタツキチ君が悪いと思ったのか、説明しようと思うと、なかなか難しいですね」

確かに。僕は、魚の食べ方の話を聞いて、ついシンキチ君の肩を持ってしまったけど、そもそも魚の食べ方が汚いとむかつくのはなんでだろう？　キヨミズ准教授は、続けた。

「こうすべきだ、ああすべきだ、という判断は、直観的にふってくることが多いんですね。意識して吟味《ぎんみ》しないと、その判断の理由というものは示せないんですね」


「それと、法源の話と、関係あるの？」

　ワタベ先生が聞いた。

「はい。結構、関係しています。法律家は、ある事実関係で判断を示すときに、嫌でも、法源を根拠にしなきゃいけないんですね。ここで、無理やり、法源という自分とは違う存在と向き合わせられるから、法的判断というものは深みが出るんですね。法律家個人の判断を相対化するわけです」

「えっ？　ちょっと甘くない？　結論は法源から導かれるんだから、法律家個人の判断が相対化される、というより、無視される、ってことにならない？　例えば、法律に死刑って書いてあったら、死刑廃止論者の裁判官でも死刑判決書くよね」

　ワタベ先生の追及は、鋭い気がする。しかし、キヨミズ准教授は、落ち着き払ってコーヒーを飲み、言葉を続けた。

「確かに、法源を一見しただけでそこで適用すべき法命題が定まって、そこから自動販売機的に結論が出るかのように見えることもありますね。だから、しばしば裁判官は、自動販売機にならなきゃいけないいんです。

でも、裁判官は、自動販売機的な判断と同時に、自分なりの価値判断もするはずでしょう。それと法源との間には、多かれ少なかれ齟齬《そご》がありますね。『法律の文言からすると、当然、この人は死刑にしなきゃいけないけど、それはやりすぎだと思う』とか、『手を出した方が悪いという保育園の根本ルールからすると、悪いのはシンキチ君だけど、この文脈だと、どうもタツキチ君の方が悪いんじゃないか』とかですね」

「ああ。僕は、日本の著作権法、厳しすぎるなと思う方だから、著作権法の講義したり、判例読んだりしていると、違和感があるってことはあるね」

どうやら、ワタベ先生とキヨミズ准教授の距離は、少し縮まったようだ。

「そうでしょう。法的判断の中では、法律家の判断と法源、それぞれが相対化されるんですね。

法源は、先人の知恵の積み重ねだったり、民主制という優れた決定方法のアウトプットだったりしますすね。だから、それと向き合うことは、法律家が自分の判断はおかしかったと反省するきっかけになりますよね。

とはいえ、法源が常に正しいとまでは言えないわけで、法律家の違和感が、法源を相対化するきっかけになることもあるでしょう。ワタベ先生ご自身が、日本の著作権法は厳しすぎないかって、おっしゃったじゃないですか。——もちろん、そういう場合も、法律家の勝手な判断で、法源を無視することはできないですから、法律を改正したり、慣習を法源とみなすことをやめたりして、法源自体を変更する必要がありますけどね」

ふーむ。法源というのを想定して、自分の価値判断を相対化し、自覚するというのが、法律家の頭の使い方だ、ということらしい。そう考えていると、キヨミズ准教授は、まとめた。

「ですから、法源を権威的に崇《あが》めて、それを疑わない自動販売機は、正しい意味での法律家ではないですね」

*

ふと、時計を見ると、もう午後3時をまわっていた。ワタベ先生は、「あ、もうこんな時間。そろそろ、5限のゼミの準備しなきゃな」と言って、帰り支度《じたく》を始めた。キヨミズ准教授も、「ああ、もうそんな時間ですか。そろそろ、会議なんですね」と言っている。

僕も、ランチだけのつもりだったけど、長居をしてしまった。キヨミズ准教授のお話は、受講生ゼロの講義のわりには面白かった。

そう思っていると、彼は「いやあ、キタムラさん。半分こしてくれて、ありがとうございました。サンドイッチとパスタ、両方食べれてうれしかったです。面白いお話もできたし。有意義な午後でしたね」と言った。

こうして、キヨミズ准教授とワタベ先生は、大学へ帰って行った。

考えてみると、キヨミズ准教授もワタベ先生も、高校生をつかまえて、平日の午後にお茶しているんだから、ずいぶんのんびりした人たちだ。社会人としての性質を半分くらいしか持っていないと言われても、仕方ないいんじゃないだろうか。場合によっては、反社会的な人と言ってもいいかもしれない。

そんなわけで、僕は、倉井さんにごちそうさまを言って、会計をすませると、いつもよりちょっと遅めだけど、図書館に向かった。

キタムラ
ノート
7

法的思考とは何か？

・法とは、一般的、抽象的ルール
＝固有名（キヨミズ、僕）などを含まない
という意味
㊄「お金を借りた人は利子をつけて返すべし」

・法的思考
法源 ⟶ 法命題 ⟶ 事案へのあてはめ
㊄ 法律の文書 ⟶「AならBすべし」⟶「キヨミズはAなのでBすべし」

重要！
＊具体的な事実関係から一歩引いたところから、冷静に判断する！
＊法源と向き合うことで自分自身の判断を反省する！

Chapter 2

急坂の上の動物園で社会科学を語る

どうぶつえん

僕は、高校が終わると、図書館に行くのを日課にしている。赤ひげ小人の近くには、市立中央図書館と県立図書館がある。それぞれ蔵書も建物も傾向が違うから、気分によって使い分けている。

ただ、その日は、両方とも蔵書整理のため休館だった。ズラせばいいのに、連絡をとりあっていないらしい。仕方がないから、少し散歩することにした。市立中央図書館は、仏壇屋さんがたくさんある急な坂の途中にある。その坂をさらに上ったところにあるのが動物園だ。入場は無料だから、気軽に遊びに行ける。

ペンギンを見る男と、失踪《しっそう》するペンギン

キヨミズ准教授とワタベ先生に会ってから、ひと月ほど経っていた。そうそう、なぜワタベ先生だけ「先生」とつけるかというと、キヨミズ准教授と違って、「先生」と呼ばないといけなさそうな雰囲気があるからだ。

彼らは今どうしているのだろう。相変わらず「法学入門2」の受講生はゼロなんだろうか。そんなことを考えながら、フンボルトペンギンのコーナーにさしかかると、一人の男が、ペンギンに見入っている。

「なるほど。師匠《ししょう》、そのように泳ぎますか」

彼はペンギンに話しかけているようだ。よく見ると、キヨミズ准教授だった。向こうも僕に気付く。

「おや！　これはこの前の。えっと、キタムラさんでしたよね」

覚えていてくれたらしい。

「どうもこんにちは。今、ペンギンに話しかけていらっしゃったのですか」

「ははは。見られていましたか。足に緑のわっかがついている彼を見てたんですね」

ペンギンたちは、それぞれ色のついた足輪をしている。キヨミズ准教授の指差したペンギンは、他に比べて年寄りに見えた。

「彼は、『師匠』です。われわれ人間がやってくると、果敢《かかん》に水に飛び込んで、泳いでくれるんです。背泳ぎしたり、ジャンプしたりすることもあるんですね」

「えっ。背泳ぎですか？」

ペンギンの背泳ぎなんて、見たことない。ちょっとした疑いを持ってプールに目を移すと、まさに師匠が背泳ぎを始めていた。ラッコのようにヒレを上手に使って、進んでいる。キヨミズ准教授の観察眼は鋭そうだ。

「ここのペンギンたちって、ちょっとサービス精神が足りないんですね」

確かに、師匠以外は、陸上でボケーッと突っ立っているだけだ。

「師匠は、そんなペンギンたちに、人間に対するサービス精神を教えているらしいんですね」

「そうなんですか。でも、ペンギンの背泳ぎは初めて見ました」

「それはよかったですね。ところで、今、ペンギンコーナーではちょっとした問題が起きてましてね。ほら、見て下さい。リサさんがいないでしょう」

「リサさん？」

「リサさんというのは、オレンジの足輪をした若いメスのペンギンです。お昼ご飯の後に失踪したらしいんですね。さっき、飼育係の人から伺《うかが》いました」

こんな会話をしていると、シロクマコーナーの方から、もう一人男がやってきた。たぶん、動物園内の全動物の中で、もっともふてぶてしい表情をしている。ワタベ先生だった。

彼は、こう言った。

「キヨミズさんさあ、シロクマの檻《おり》には、いなかったよ」

のっけから不機嫌だ。

「そうでしたか。どこに行ったんですかね。同じ寒いところの動物ということで、あそこだと思ったんですけど」

どうやら、ワタベ先生は、リサさんを探しに行っていたらしい。なんだって、大学の先生がペンギンを探しているんだろう。そう思っていると、ワタベ先生もこちらに気がついてくれた。

「あ、この前の。こんにちは。なんでこんなところにいるの？」

それは、こちらのセリフだ、と思いながら挨拶《あいさつ》を返した。

「どうも、こんにちは。近所の図書館に行こうとしたら、休館日だったんで散歩してるんです。それより、なんでお二人はこちらにいらっしゃるんですか？」

「ははは。私も時々、仕事をしていて、動物が見たくなると、ここに来るんですね」

キヨミズ准教授が説明すると、ワタベ先生はウンザリした顔で口を開いた。

「こっちはねー、べつに動物が見たくて来たわけじゃないんだよ。学部長からキヨミズさんと一緒に出張講義をするように頼まれてさ、急いで日程確認しなきゃならなくなって、研究室に行ったら、ドアに『動物園にて思索《しさく》中』ってメモが貼《は》ってあったんで、追いかけてきただけ。この人、携帯電話持たずに外出するから、困るんだよな」

ワタベ先生が、ペンギンコーナーの前でキヨミズ准教授を発見して用事を告げたところ、「日程については、帰宅して予定確認しないとお返事できないんですね。ところで、ペンギンのリサさんがいないんですけど、ちょっと、シロクマコーナーを見てきてくれませんか？」と言われた。ワタベ先生は、怒るのも大人げないと思ったようで、シロクマコーナーに行き、帰ってきたところに僕がいた、ということらしい。

ペンギン探しの使い走りにされたら、ワタベ先生でなくても、不機嫌になるだろう。そう思ったが、キヨミズ准教授の「せっかくなんで、みなさんで動物園の中を探してみましょう」という有無《うむ》を言わさぬひと言で、僕たちは、動物園を見て回ることになった。

社会をいろんな角度から見てみよう

少し歩くと、広場に出た。ここは、イベントや、遠足の集合場所に使われる。今日は、近所の「港の見える丘保育園」のアサガオ組（年中組）が遊びに来ている。あの保育園は園庭が狭いから、園児たちはこの動物園によく遊びに来る。園庭が狭いのはかわいそうだけど、毎日のように動物園に来られるのはうらやましい。

キヨミズ准教授は、ベンチを見つけると、「ここに座って、しばらく広場の様子を見ましょう。もしかしたら、リサさんがふらっと現れるかもしれませんからね」と言った。だけど、ペンギンの気配はなく、アサガオさんが元気そうに走り回っているだけだった。キヨミズ准教授が口を開いた。

「そういえば、今日はワタベ先生、午前中講義でしたよね。どうですか、様子は？」

「ああ、『法学入門1』ね。今日は、民法の概説をしてきた。なかなか盛況で、受講生は400人くらいかな」

「ははは。採点しなければいけない答案の枚数のことを思うと、今から気が重いですね」

キヨミズ准教授はずいぶん悠長《ゆうちょう》な口調で言った。

「採点なんて、大学教員としての当然の職務でしょ。そういえば、『法学入門2』の方は、相変わらず受講生がいないんだっけ」

「ははは。相変わらず教室に学生は来ませんね」

「この前、法的三段論法の話をしていたけど、『法学入門2』では、あとは何を話すわけ？」

ワタベ先生の口調は、もう話すことはないでしょう、と言わんばかりだ。

「次は、法学は何をする学問かという話だったんですけどね。政治学とか経済学とか、他の社会科学の分野と比較しようと思っていたんですね。でも、ちょっと難しいお話もするので、学生さんが引いてしまうかもしれないなあと恐れていたんですね」

「……。あのさあ、引くも乗るも、そもそも受講生ゼロなんでしょう?」

ワタベ先生がつっこんだ。僕も思わず頷《うなず》いてしまった。

広場の真ん中では、男の子と女の子が入り交じったグループがやってきて、「ゴーバスターズごっこ」をやるか「プリキュアごっこ」をやるかを話し合っている。そして、ほどなくプリキュアごっこに決定し、女の子たちが男の子をやっつけ始める。

そんな微笑《ほほえ》ましい光景の中で、キヨミズ准教授は、話を切り出した。

「ははは。そういえばそうですね。これで気兼《きが》ねなくお話ができます。予定では、社会というのは、実にいろんな角度から分析できる、ということから始めるつもりだったんですね」

いろんな角度って、どんな角度があるんだろう? キヨミズ准教授が続ける。

「社会を分析する学問、つまり社会科学には、政治学、経済学、社会学、それから法学と、いろいろな分野があって、違う視点から分析しますね」

確かに、大学進学案内の「社会科学系」を見たとき、そんな名前の学部が並んでいた気がする。ちょっと興味がわいたので聞いてみた。

「あのう、その四つの学問ってどう違うんですか。なんとなくイメージはあるんですけど……」

「ははは。あまり親切に説明されないところなんですね」

キヨミズ准教授は言った。

「それぞれ違う学部や学科に分かれて、いがみあっているからなあ。まあ、うちの大学で一番偏差値が高いのは、法学部法律学科だけど」

ワタベ先生の口調は、ものすごく感じが悪い。

「ははは。うちの場合はそうですね。私が高校生だったころ、早稲田で一番偏差値が高かったのは政治経済学部で、慶応は経済学部だったんですね。ある時期の都立大は、哲学科や社会学科が人気で、人文学部が法学部よりも偏差値高かったことがあるんですね。学部の偏差値は、どの学問が偉いかということではなくて、教授の人気や大学の歴史によって決まるんですね」

キヨミズ准教授は、他人事《ひとごと》のようにお世辞を言って、各学部をフォローした。そのとき、プリキュアから逃れてきた悪役のアカンベェ（男の子）たちが、僕たちのベンチの方まで逃げてきた。プリキュアたちも駆けつける。彼女たちは、僕たちがアカンベェを匿《かくま》っているものとみなし、攻撃を開始した。その戦力はすさまじく、僕たちは、慌《あわ》てて広場から逃げ出した。

われわれ政治学者から見れば、「お前らは甘すぎる」

僕たちは、年中組とは思えないくらい足の速いキュアマーチ（本名ナナちゃん・4歳）の追撃を振り切りながら、広場を突っ切ってサル山に出た。とんがり帽子の形をした大きな岩にサルの群れが住んでいる。山のてっぺんにはボス猿がいて、若いオスに説教をしているみたいだった。

僕たちは、サル山脇のベンチに腰かけて、逃走の疲れをいやすことにした。キヨミズ准教授が口を開く。

「そうそう、四つの社会科学の違いでしたね」僕の質問を覚えていてくれたようだ。「何からいきましょうか。伝統に従って、まず政治学から話すのがよさそうですね。西洋ではプラトンやアリストテレス、東洋では孟子《もうし》や孔子《こうし》など、紀元前までさかのぼれる最古の社会科学ですね」

「ずいぶん古いですねえ」

僕は、思わず感想を漏《も》らした。

「そうでしょう。政治学がどんな学問かを話すには、なんといっても、定義から始めなければなりませんね。政治というのは、ある集団の中でいろんな意見がある中で、一つの決定をすることですね」

「ずいぶん単純な定義だねえ。なんかさ、政治学者って、『政治とは何か？』という問題は、それ自体とても難しい政治学の課題で、簡単には答えられない、とか偉そうに言うんだよね」

ワタベ先生は、興味もないことを偉そうに言われるのは最悪なんだよなあ、という表情だ。

「ははは。そうですね。でも、定義が分かんなきゃ、研究しようがないですね。この前、金魚を研究している生物学者の方に、『金魚とはなんですかねえ？』って聞いたら、『え？その魚だよ。知らないの？』って言われました。まあ、そういう答えになりますよね。『金魚とは何か？』だとバカっぽくて、『政治とは何か？』だと深遠《しんえん》だというのは、おかしいですね」

キヨミズ准教授の口調からは、悪乗りしたいだけなのか、本当に金魚とは何かを知りたいのか、よく分からない。

「でも、いろんな意見がある中で一つの決定をするのが政治だっていうなら、さっきの保育園の子どもたちのプリキュアごっこ決定だって、政治じゃないか。そんなものまで政治に含めたら、政治学者は怒るでしょ。われわれが研究しているのは、もっと重大なものなのだ、とかなんとか言って」

ワタベ先生は、キヨミズ准教授の政治の定義を前に、呆《あき》れたように言った。キヨミズ准教授は、悪びれずに答える。

「ははは。そうですか。政治は、実は、日常にありふれたものですね。でも、政治というのは、よくよく考えてみると、不思議です。意見はたくさんあるのに、決定が一つしかないんですから。しかも、それにみんなが従うわけです。実に不思議ですね」

確かに。そして、サル山を見ると、ボス猿がグワッとかなんとか言って、餌場《えさば》で食べる順番を整理している。どうして、サルたちはボスに従うのだろう。キヨミズ准教授は、続けた。

「で、なぜ、政治みたいな不思議なことが成立するんだろう、とか、どうやったら政治的決定を成立させられるだろう、って考えたりする学問が生まれたんですね。これが、政治学ですね。あと、どういう決定が良い政治的決定だろう、って考える場合もありますね。こちらは、政治哲学と呼んだりしますね」

「ところでさあ、政治学者ってのは、なんであんなに話していて疲れるんだ」

ワタベ先生が、不機嫌メーターを少し上げて、切り出した。

「いつにも増してお怒りの様子ですね。何かあったんですか？」

キヨミズ准教授が、穏《おだ》やかに聞く。

「この前、入試の監督したとき、学長がチョコレート差し入れてくれただろう。ほとんどの教員はありがたく頂いたんだが、政治学科の連中だけは、チョコを前にして『これはわれわれに対する懐柔《かいじゅう》策か？』とか『チョコ業者に借りがあるのか、貸しを作りたいのか？』とか話しているんだよ」

「ははは。確かに、そういうことをお話しされていましたね。おいしいチョコレートなんだから、楽しく食べれば良さそうなものなんですけどね。でも、あれが政治学の先生の生態なんですね。猫が動くものを見ると気になってしまうように、物事の裏側に興味がいってしまうんですね」

「あのう、なんで、そんな風になってしまうんですか」

と僕。

「政治とは、いろんな意見がある中での一つの決定ですね。だから、政治的決定には、必ず反対者がいるわけで、それを従わせる『何か』があるはずですね。政治学者というのは、常に、その『何か』を探究しているわけですね。

例えば、民主制というのは、『みんなで決めた』とか『決定を支持している人の割合が多い』という雰囲気で反対者を説得するんですね。王政や貴族政では『普通の人とはランクの違う崇高《すうこう》な人が持つ雰囲気』を利用したりしますね。何かにつけ、決定の背後にあるメカニズムや動機といったものに目を向けてしまうのが、政治学者の方々なんですね」

「そうかもしれないが、入試監督にチョコを差し入れるのは、政治とは関係ないでしょ」

ワタベ先生に、僕も同感だ。

「ははは。私もそう思いますけど、政治学者は、『だから、お前らは甘い』とおっしゃるんですね。さっきのプリキュアごっこも、『かわいいなあ』のひと言ですませずに、『なぜ女の子の意見が通ったんだろう？　女の子たちの方が腕力《わんりょく》が強かったり、男の子の弱みを握っているのかもしれない。あるいは、女の子の中に、すぐれた容姿や口達者《くちたっしゃ》など、男の子を従わせる性質を持った子がいるのかもしれない』と、こんな風に考えるでしょうね」

「ずいぶん、うがった見方をするものなんですねえ」

僕は、率直な思いを口に出した。

「ははは。もちろんいま言ったのは、極端な方ですね。優秀な政治学者の方は、自分たちの議論の限界をよく分かっていて、なんでもかんでもそんな風に見たりはしませんし、日常生活でお話ししていても、礼儀正しい良い方が多いですね」

「そうだな。でも、ダメな政治学の教授って、ほんとにそんな話ばかりで、一緒にいると性格が悪くなりそうだよ」

ワタベ先生は、自分の性格は政治学者ほど悪くないと言いたいようだ。政治学者って、どれだけすごい人たちなんだろうか。そんなことを考えていると、キヨミズ准教授は、パネルを取り出した。

キヨミズパネル1 政治学とは何か？

ここに考察をめぐらすのが政治学

多様な意見や価値がある集団

↓

何らかのメカニズム ⇐

↓

反対者も含め全員が従う決定

例：「みんなで決めた」「あんなスゴい人が決めた」「神の啓示《けいじ》に見えた」「賄賂《わいろ》があった」など

僕たちは疲れが取れたので、ベンチから立ち上がった。サル山をぐるっと見て回ったけど、ペンギンの姿は見当たらず、そのままサル山を後にした。

「いえいえ、効用《こうよう》が大きかったのでそうしたまでです」の経済学

この動物園は、武家屋敷の庭園だったそうで、中心部には風流な池があり、水鳥コーナーになっている。キヨミズ准教授は、悠々《ゆうゆう》と泳ぐカモを観察して、「まだ、5月なのに、寒くないのかなあ」とつぶやいた。やっぱり、ちょっと変な人だ。

水もあるし、ここにペンギンがやってくる可能性もなくはないだろう、ということで、しばらくここで待つことにした。キヨミズ准教授は、池を眺《なが》めながら、経済学の話を始めた。

「次は、経済学ですか。アリストテレスなどにも萌芽《ほうが》が見られますが、本格的なスタートは、18世紀の大学者アダム・スミスですね。

経済というのも、いろいろ定義がありますが、要は『交換』のことですね。モノの売り買いが典型的な例ですけど、現在では、有価《ゆうか》証券の交換とか、将来のお金と今のお金の交換とか、いろいろな交換がありますね。たくさん交換が行われている社会は、『経済活動が活発な社会』なんて言われたりしますね」

「『交換』？　どっちかって言うと、『取引』の学だって気がするけど」

ワタベ先生が言った。

「べつにそう言って頂いても構わないんですね。ただ、取引と言うと、なんとなく相手を出し抜くというか、そういう感じがするんで、交換と言った方がいいような気もしますね。というわけで、交換でも、取引でもいいんですが、この経済活動って、これはこれで結構不思議な現象なんですね。ふつう、人って価値の高いものを持ち続けるはずですね。とすると、価値の高いものを持っている人は、ずーっと持ち続けるはずなのに、なんで交換なんかするんでしょう。そんな疑問から始めて、なぜ交換が行われるのか、どうすれば交換をもっと活発にできるか、どんな交換が公正な交換か、といったことを研究するのが経済学ですね」

言われてみれば、政治とは違った意味で、不思議な現象だ。キヨミズ准教授は、パネルを出してきた。

キヨミズパネル2

経済学とは何か？

・社会でどんな交換が行われているのか？

する

経済＝交換（取引）の学
↓
- その交換はなぜ成立したのか？
- どうすれば交換（経済活動）を活性化（大量に行わせること）できるか？

↓
などを研究

「僕の専攻（知的財産法）だと、経済学者と話すことも多いんだけど、どうも連中は、なんでも取引っていう視点で見るから、ムカつくんだよな。論文送ってもらったお礼を言ったら、『いえいえ。コピーおよび切手の費用よりも、ワタベ先生に読んでもらう効用の方が大きいから送ったまでです』とか言うし」

「ワタベ先生、『効用』なんて専門用語を使ったら、分かりにくいですよ。キタムラさん、ぽかーんとしています。『効用』というのは、人間がモノやサービス・情報から得る快適な気分のことですね。人間は、これを最大限に大きくしようと行動するはずだ、というのが経済学の根本的な仮説ですね」

キヨミズ准教授が、補《おぎな》ってくれた。

「ありがとうございます」

「いえいえ。でも、『効用』という概念は、あまり気にする必要ないですね。例えば、自殺のような現象だって、生きているよりも、永遠に意識を失う効用の方が大きいときに行われるものだ、って説明できますね。それから、ネットで調べれば安く買える商品を、店舗でわざわざ定価で買うみたいな行動も、『一見経済的には不合理だが、その人にとっては、情報調査コストが非常に高く、それを加味したとき、ぱっと買ってしまう方が効用が大きいのだろう』みたいに説明されたりしますね。

そうしたら、結局、あらゆる行動には、その人なりの効用が必ずあるということになってしまいますね。ですから、『効用』というのは、結論を導くための概念というより、結論を表現するための言葉なんですね」

なんだか、経済学の根本を否定したような気がする。池のハクチョウたちが、僕たちの前を通り過ぎて行った。


この池には、水鳥の他に、コイもいる。派手な色をしたものから、ただ黒いのまでいろいろいるんだけど、黒いのだけがワタベ先生の方に寄って行く。

「あと、経済学者ってのは、アメリカ留学組が多くて、やたらと英語使うのもハナにつくな。株式交換のこと、わざわざストックのスワップとか言う必要ある？」

ワタベ先生が、かなり不機嫌そうな表情で愚痴《ぐち》をこぼした。一緒に仕事している経済学者の人も、相当な性格なんだろう。

「ははは。そうですね。あ、キタムラさん、今のワタベ先生の発言はもちろん極論で、品《ひん》行方正《こうほうせい》で温厚《おんこう》真面目で、バカみたいに英語を使わない経済学者の先生も多いんですよ。ただ、どうしても交換のメカニズムという視点から社会を見る方たちなんで、違和感のあることも多いんですね。

例えば、さっきのプリキュアごっこも、昨日は男の子の意見を通したから、その借りを返しているのかも。あるいは、女の子たちが、おやつの時間におせんべいを男の子たちに渡したのかも？　ひょっとすると、男の子たちは、ゴーバスターズごっこをやることよりも、早く遊び始めることが優先事項だったので、積極的に降伏戦術をとったのかも。こんな風に考えるから、言っていることに違和感を持つことも多いですね。ちなみに、戦術というのは、ゲーム理論の人がよく使う用語ですね」

「ゲーム理論」ってなんだろうと思ったけど、ワタベ先生が居心地悪そうなので聞きそびれてしまった。黒いコイばかりが、不気味なほど集まり、ワタベ先生の効用を害しているのだ。リサさんもやって来そうにない。僕たちは移動することにした。ゲーム理論については、今度図書館で調べることにしよう。

社会学者は「あなたにはコレが何に見えますか」と聞く

キリンとシマウマのコーナーに着くと、シマウマよりもちょっと大きいくらいのキリンの赤ちゃんがいた。くりくりした目で、こちらを見てくる。

「うーん、いませんねえ。リサさんは、どこへ行ってしまったんでしょう?」

キヨミズ准教授は、シマウマコーナーを見ながら言った。水場もないし、ここには来ないだろう。

「あのう、ところで、社会学って何なんですか。政治や経済っていうのは、なんとなくイメージできるんですけど、ただ『社会』って言われても、広すぎるというか、漠然《ばくぜん》としていて」

ちょっと気になっていたので、こちらから聞いてみた。

「ははは。その通りですね。社会というのは、ある種の『モノの見方』が人々に共有されることによって成り立っているんですね。例えば、ある電球を『信号』とみなす交通ルール、ある紙きれを『お金』とみなす通貨の概念、ある種のおじさんおばさんを『国会議員』とみなす統治のシステム。こういう『モノの見方』が社会を作るわけですが、なぜそれが成立しているんだろう？　そこにはどんな論理や法則が働いているんだろう？　こんなことを考える学問ですね」

僕は、ワタベ先生の方を見た。ここまでの流れから、社会学者の悪口も出てきそうだ。

「社会学者ってさ、なんか一歩引いたところというか、宙に浮いたところから話してくるから、やりづらいんだよな。この前、大学の美化委員会で、どうやったらキャンパスからごみのポイ捨てをなくせるか、って話していたんだよ。そしたら、社会学科の委員が『なぜ、ごみのポイ捨ては、美的存在として社会に認識されないんでしょうねえ？』とか言い出してさ。そんなこと話している場合じゃないんだよ」

「ははは。あれは面白い問題提起でしたね。ただ、ポイ捨て回数のクロス統計分析は役立ったんじゃないですかね。確か、雨の日の翌日で気温が15度以上だと、統計的に有意にポイ捨てが増えるんでしょう。社会学者の方は、統計分析、お好きですね」

絶対偶然だと思う。もし本当にそうだったとしても、雨とか気温はコントロールしようがない。そんな感想を言おうとしたが、キヨミズ准教授は話を続けた。

「もちろん、統計だけで終わったら、社会学にはならないですね。統計をとって、そこから、世間の人は社会をどう見ているんだろう、って分析するわけですね」

また、キヨミズパネルだ。

キヨミズパネル3

社会学とは何か？

社会とは、「モノの見方」の共有により成立する秩序である

赤信号 → 共有された「モノの見方」 → ストップする人々

赤 ＝ ストップの認識

Aさん
Bさん
Cさん

社会学 ⟹ ここを分析

「さっきのプリキュアごっこの例で言うと、何%の女の子がキュアハッピーをやりたがるんだろう、とか、キュアサニー、キュアピースをやりたがるのは何%だろう、という形で統計分析をしますね」

サニーやピースというのは、プリキュアに登場するキャラクターたちのようだ。キヨミズ准教授は、当然知っているでしょう、という顔で話を進めた。

「その上で、サニーやピースは、何を表しているんだろう、女の子たちにどう見えているんだろう、という分析をしていくのが社会学者ですね。男女混合グループでプリキュアごっこが選択されたことについても、単純に女の子の希望が通ったと考えるんじゃなくて、男の子からはプリキュアごっこがどう見えるんだろう、って考えるわけですね」

社会学の話が終わった。キリンコーナーにペンギンがやってくることはないだろうと思っていると、突然、脇のしげみから、ド派手な色の鳥が出てきた。放し飼いにされているクジャクだ。

自分だけが放し飼いで、人間たちと同じように他の動物を観察してまわるクジャクからは、動物園や動物たちはどう見えているんだろう。考えてみたけど、よく分からなかった。

法学者は、頭が固い上にモノグサである

キリンコーナーを後にした僕たちは、爬《は》虫《ちゅう》類《るい》館に向かった。あそこにはワニのプールがある。リサさんが水を求めてそこに行った可能性があるし、もしそうだとしたらとても危険だ。

爬虫類館は園全体の規模のわりに充実していて、体長4mのニシキヘビやらイリエワニやらがいる。彼ら、彼女らは寒いと死んでしまうし、湿度や水槽の水の清潔さにも気を遣《つか》ってやらなきゃいけない。かなり手をかけてもらっているはずだけど、ヘビもワニも不機嫌そうに、じーっとしていて、動く気配がない。この様子ならリサさんがやってきても食べられずにすむかもしれない。

「ええと、政治学・経済学・社会学とお話ししてきましたから、今度は、法学ですね。そういえば、キタムラさんには、この前、法的三段論法のお話をしましたね。

あのとき、法的思考というのは、『もしAなら、Bすべきだ』という法命題に事案をあてはめて、結論を出す思考だと言ったでしょう。法学というのは、この社会現象はどんな法

が適用された結果なんだろう、とか、どんな法が社会に妥当すべきか、とか、おかしな法はどうやって改めるか、みたいなことを考える学問ですね」

話していると、急に、ニシキヘビが動き出した。体をうねらせて、進んで行く。ヘビたちは、本気になるとものすごく素早く動けるんだけど、今日は本当にゆっくりだ。その様子を見ながら、キヨミズ准教授は続けた。

「さっきの保育園の子どもたちの例で言いますとね、法学者は、まず、ゴーバスターズごっことプリキュアごっこを決めるとき、どんなルールに基づいて決めているんだろうって考えますね。多数決とか、その日の給食当番をやった子が決めるとか、いろいろなルールが考えられます。その上で、もっと良い決め方はないだろうか、と考えたりもしますね」

ワタベ先生の顔を見た。さすがに同僚である法学者の悪口は出ないのかと思ったら、甘かった。

「法学者ってのは、頭が固いんだよね。この前、研究室の掃除のために、イスを廊下《ろうか》に出しといたら、隣の先生から『ワタベ先生、みんなが廊下にイス出したら、通れなくなります。早くしまって下さい』って注意されてさ」

「ははは。法というのは、一般的・抽象的な規範ですからね。法学者は、なんでも、それを一般化したらどうなるか、と考えますからね。あと、不公平に何かやるくらいなら、公平に何もやらない方がいいって考えたりしますね」

「そういえば、美化委員会で社会学科の先生がおかしなこと言い出した後にさ、法学部の先生が『目についたごみは拾おうっていう方針だと、人目の多いところ、たまたま人目についたところだけきれいになって、不公平だから、やめましょう』とか言い出してさ」

「ははは。そうでしたね。法学者って、モノグサさんなんですかね。ここまでの話をまとめると、こうなりますかね」

キヨミズ准教授は、手帳に図を描き始めた。

キヨミズパネル4 法と政治と経済と社会の学

	考察対象	「プリキュアごっこ」説明の視点
・政治学	多様な価値がある中での一つの決定	男の子を服従させる権威

- 経済学　交換　女の子と男の子との取引
- 社会学　人々に共有されたモノの見方　キュアハッピーの持つ意味
- 法　学　一般的なルール　多数決などの一般的ルールの存在

「社会を分析する学ですが、こんな風に分類できますね。もちろん、これは理念型で、相互乗り入れも多いですね。例えば、法制度の視点抜きに経済分析するのは現実的ではないですから、経済学の中には制度派経済学という潮流《ちょうりゅう》があるようです。他方で、法学部にも、『法と経済学』なんて科目がありますね」

「はあ、『法と経済学』ですか。具体的には、どんなことを考えるんですか?」

「経済学の視点から法制度の経済的帰結を分析するんだよね。例えば、法学のことしか考えない法学者って、法律で敷金《しききん》とることを禁止すれば、住宅を安く借りられるようになるはずだって単純に考えるんだよ。だけど、経済学者から見れば、そんなことはあり得ない。敷金禁止したら、大家さんは、その分家賃や共益費に上乗せするでしょ。最初の3か月だけ高い賃料とったりしてもいいし。だから敷金の禁止は、家賃上乗せを禁止する仕組みがない限り、賃料総額に影響を与えない、というのが経済学の発想なんだよ。

知的財産法は、法制度を作って経済活動をコントロールするための法律だから、経済学の視点から法制度の経済的帰結を分析するっていう発想は必須なんだ」

ワタベ先生が解説してくれた。

「そうですね。政治学、経済学、社会学、法学と、それぞれに、長所と短所、見えるところと見えないところがありますからね。優秀な社会科学者ほど、自分の方法論の限界を知っていますから、慎重になったり、他の学問を積極的に勉強したりしますね。そうそう、こんなのも作りました」

こう言って、キヨミズ准教授は、さらにパネルを出す。

キヨミズパネル5 各学問の堕落《だらく》形態

・ダメ政治学＝**現象の背景に、無理やり政治と権威を見出そうとする**
例：道を教えてくれた親切な人を見て、
「俺は、今、こいつに権力を行使している」と思う

・ダメ経済学＝**現象を、なんでもかんでも取引で説明する**
例：子供の誕生日にプレゼントをする親を見て、
スマイルサービスとプレゼントの交換だ、と思う

・ダメ社会学＝**今それどころじゃないときに、そもそも君の認識は、と小言を言う**
例：赤信号で車を止めなければいけないのに、
「なぜ、止まれ信号は赤？」と悩み出す

・ダメ法　学＝**一律公平を理由に、仕事をさぼる**
例：いわゆる「お役所仕事」として多数観察される

ワタベ先生は、このパネルを見ながら言った。「確かに、このパネルに書いてあるような学者、多いな」

それは散々聞いた。


それにしても、爬虫類館にもリサさんはいなそうだった。爬虫類館の出口から、ライオンたちの前を通り、昼寝中のレッサーパンダを見て、門まで来た。ここには、ぬいぐるみやお菓子を売っているショップがある。

キヨミズ准教授は、驚いた表情で、ぬいぐるみコーナーにスタスタと向かっていった。僕とワタベ先生は、そんなにぬいぐるみが好きなのかと呆れて、ついていった。すると、ゾウとキリンの間に、あり得ないくらいに精巧《せいこう》なペンギンのぬいぐるみがある。

「これは、またずいぶん精巧ですね。ほら、匂《にお》いも少し生臭くてリアルですね」

「いや、それどう見ても、本物でしょう」

ワタベ先生が、すかさずつっこんだ。ボケであってほしい。しかし、キヨミズ准教授は甘くなかった。

「え、ああ確かに！　このペンギン、リサさんですね」

こうして、僕たちは、リサさんをペンギンプールに連れていった。リサさんは、陸上でもじもじしていたが、師匠に促《うなが》され泳ぎ始める。飼育係の人は、素敵な笑顔で「ありがとうございました！」と言ってくれた。

＊

ここでふと、時計を見ると、閉園時間間近だった。ワタベ先生は、夕方から会議があるのを思い出したらしく、不機嫌そうに大学に戻っていった。ワタベ先生は一見怖そうだけれど、会議前の忙しい時間に、ペンギン探しに付き合ってくれるんだから、相当に良い人なんじゃないだろうか。だったら、もう少しゴキゲンにしてもいいのに。

一方、キヨミズ准教授は、動物園を出ると、急坂を下って赤い電車を走らせる私鉄の駅に歩いていった。

ちなみに、キヨミズ准教授が下っていった急坂というのは、一般名詞ではなくて、「急坂」という固有名詞がつけられた坂のことだ。あそこは、上るとき尋常《じんじょう》でなく疲れるし、下るときはかなり怖い。適切な固有名詞だ。

もう夕方で、暗くなり始めている。僕も、帰宅しようと思い、ＪＲの駅に向かった。

キタムラノート 2

社会科学とはどんな学問か？

政治学　集合的決定（政治）に、
なぜ人は従うのか？
→いつも人を「従わせる」メカニズム
のことばかり考えている

経済学　交換を研究する学
→何かあると、必ず「その反対に
何が差し出されているか」を考える

社会学　人はなぜモノゴトを
そう見てしまうのか？
→いつも「そもそもその見方でよいのか」
とそもそも論ばかり

法　学　あるべき一般規範の追求
→公平……を理由にした
モノグサさんも多い

重要！　＊社会の見方は
一つではない！
＊社会の見方を一つに決め込んだ
ダメ社会科学者にならない！

Chapter 3

清《さや》かにわたる風の学校に、現代日本法の講義が来る

前にも話したけど、僕の高校に行くには、山を二つも登らなくてはいけない。卒業証明書を取りに久しぶりに来校した大学生の先輩が、キレかけていたのを覚えている。登ってしまえば、海や港が見渡せて、爽《さわ》やかな風が吹く気持ちのいい場所なんだけど。

僕は、山のふもとのJRの駅で電車を降り、いつも通り気合を入れて登り始めた。少し前の方では、クラスメイトの岩渕《いわぶち》さんと村山さんが話している。二人はバレー部で、新入部員の指導方法を考えているようだ。体育会系女子のハキハキした様子に元気づけられ、一つ目の山を登る。

山登りにキレる大人となだめる大人

僕が山を登りきると、前の方に、スーツ姿の二人組が重い足取りで歩いている。バテバテの様子からして、山道に慣れている、うちの高校の先生たちではなさそうだ。いったい誰なんだろう？　どうも見たことがある。

「なんで、朝から登山しなきゃいけないんだよ」

ついに右側の男、ワタベ先生がキレた。

「ははは。そうですね。はあ、はあ。でも、しょうがないんじゃないですかね」

キヨミズ准教授が、なだめた。なぜ、二人がこんなところにいるんだ？　すごく気になって、声をかけることにした。

「おはようございます」

「あっ、キタムラさん」

キヨミズ准教授が、驚いた様子で言った。

「もしかして、キタムラさん、あの山の上の高校に通ってます？」

「はい。でも、どうしてお二人が、こんなところに？」

「どうしてって、君たちの高校が呼びつけたんだよ。大学教員の出張講義、2年生がみんなで聞くんでしょ」

ワタベ先生が答えてくれた。

そういえば、そうだった。うちの高校は、一応進学校ということになっている。だけど、最近、とある事情で大学進学率が下がっていて、ちょっとした問題になっている。校長たちは、大学の先生に学問の魅力を語りに来てもらえば進学率が上向くんじゃないかと、いくつかの大学に出張講義を依頼した。2か月に一回くらい出張講義の機会があるんだけど、今日は、確かに「法学部の先生」が来ると言われていたような……。

「ははは。ワタベ先生、『呼びつけた』というのは言いがかりですね。キタムラさんの高校に指定校推薦をお願いするため、出張講義でアピールしてこい、ってうちの学部長が言ったから、こういうことになっているはずですね」

なるほど。校長たちと港湾大学法学部の利害が一致したに違いない。これまた事情があって、うちの高校は難関大学の進学実績を伸ばしているんだけど、その関係で、指定校推薦の枠《わく》をつけてくれる大学も増えている。進学率が下がってるのに、難関大学の合格実績は上がるというのは、妙な話なんだけど、結構ちゃんとした事情があってのことなんだ（その事情については、機会があったら話すかもしれない）。

「あー、そうだっけ？　しかし、講義の出前するなら、もう少しアクセスの良いところにしたかったたな」

ワタベ先生は、不機嫌になるのすら疲れたという様子で、二つ目の山にアタックし始めた。どうにか高校に着くと、僕は二人に応接室の場所を教えて別れた。

六法《ろっぽう》ってなんですか？

ホームルームが終わり、僕たち2年生は体育館に集まった。大学の出張講義なんてかったるいなあ、という意見もあったけど、座って話をきかなきゃいけないのは、普段の授業だって一緒だ。むしろ予習・復習が必要ないから楽じゃないか、という意見が強かった。大学の先生がどういう人なのか、興味がないわけでもない。

生徒がパイプ椅子《いす》に座り、場が静まると、舞台の上に校長が出てきた。白髪《しらが》に小太りの好々爺《こうこうや》で、典型的なタヌキおやじ様である。ちなみに、タヌキおやじ校長は、話がうまくて、仕事も合理的だから、わりと人望がある。

「ああ、みなさん。今日は、港湾大学のワタベ准教授とキヨミズ准教授に出張講義をお願いしました。港湾大学は、隣の隣の隣の駅にある名門大学でありまして、本校から進学した人も多く、……とまあ、長々と説明するのは、かえって失礼ですね。ワタベ先生もキヨミズ先生も、学会で大変にご活躍の先生です。はい、では、さっそくお二人にお願いしましょう。みなさん、拍手」

校長は、あっという間に紹介を終え、舞台袖《そで》に引っ込んだ。

舞台の上には、長い机が一つ。椅子が二つ。マイクも二本。やがて舞台袖から、二人がやってきた。キヨミズ准教授は、遠目に見ると結構かっこよく、ワタベ先生は、遠目に見てもかなり性格が悪そうだ。

まず、キヨミズ准教授が自己紹介した。

「みなさん、こんにちは。どうぞよろしくお願いいたします。キヨミズです。専攻は、法哲学ですね。法哲学者は、よく、法学も哲学も中途半端にしか分からない連中だと言われているんですけど、私は、その中途半端さが法哲学という学問の魅力だと考えているんですね」

自分の専攻を中途半端とののしられているのに、そこが魅力だとは。開き直っているのかなんなのか、よく分からない。生徒の間には、この人、ちょっと変な人かも、という空気が漂《ただよ》った。

「こんにちは。ワタベです。専攻は、知的財産法といって、特許や著作権なんかを研究しています。どうぞ、よろしくお願いします」

端的な自己紹介だった。そして、ワタベ先生は、体育館の後方を見て「では、お願いします」と言った。見れば、いつの間にか校長が生徒の後ろにつけ、プロジェクターを操作している。手慣れた機械操作は、紅《くれない》の豚ならぬ紅のタヌキおやじのようで、かっこいい。

また、校長のファンが増えそうだ。

スクリーンが降りてきて、スライドが映し出された。

スライド1 実定法《じってい》と基礎法
法学部法律学科で教える科目
・実定法：現代日本の法律の内容を教える
憲法、民法、刑法、知的財産法など
・基礎法：現代日本の法律から距離を置いて、哲学や歴史学の観点から分析したり、外国の法律の内容を教える
法哲学、法社会学、法と経済学、法制史、英米法、ドイツ法、フランス法など

スライドを背景に、キヨミズ准教授が話し始めた。

「さて、うちの学部には1年生向けの講義として『法学入門1＝法学通論』というのがあります。この講義は、日本の法律全体の要点を一気に解説してしまう講義で、今年はこち

らにいるワタベ先生が担当しています。この講義を受講すると、法学部で何を勉強するのか、手っ取り早く理解して頂けますし、法学を学んだことのない高校生の方でも楽しく聞いて頂けると思いました。そこで今日は、そのダイジェスト版をお話ししようと思います。

ちなみに、法学入門には『法学入門2＝法学原論』というのもありまして、私が担当しています。この講義の受講生はずっとゼロだったんですが、先日、初めて教室に学生が一人入ってきました。初受講生かと思いきや、トイレの場所を聞いただけで去っていきました。彼の知的好奇心は、トイレの場所の情報だけで満たされてしまったんですね」

ギャグを言いたいのか、真剣なのかよく分からない。すると、ワタベ先生が、口を挟《はさ》んだ。

「あのねえ、キヨミズ先生、そんなことはどうでもいいから、中身に入るよ。変な先生を連れてきてしまって、すいません。学問的には、尊敬できるんですけどね。それはさておき、まず、簡単に法学部法律学科で教えていることを説明します。

法律学科の科目は、大きく分けて、実定法と基礎法の二つのグループがあります。実定法というのは、憲法とか民法とか刑法とか、日本の法律の内容を勉強する科目です。これに対して、基礎法の科目には、法を哲学的に考察する法哲学、社会学的に考察する法社会学、歴史学的に考察する法制史学なんかがあります。外国の法律を勉強する英米法とかドイツ法とかも、基礎法の科目です。

当たり前ですが、法学部で主に勉強するのは、実定法です。実定法の先生というのは、今まさに日本で起きている問題と向き合っているわけで、現実的な人が多いです。これに対して、基礎法専攻の先生は、深遠《しんえん》な哲学とか遠い外国のことを研究しているわけで、仙人的というか、のんびりした人が多いです。このキヨミズ先生は、まさに典型的な基礎法の先生です」

なんだか基礎法の先生に失礼な気もするけど、ワタベ先生の説明は、さっぱりしていて、不快な感じはしない。

「ははは。では、今日は実定法の先生を見習ってテキパキと日本の実定法の体系、お話ししましょう。こちらをご覧下さい」

キヨミズ准教授の指示を受けた紅のタヌキおやじが、プロジェクターを操作した。

スライド2　日本法の体系

日本法

- **私《し》法《ほう》**：私《し》人《じん》と私人との関係を規律する法
  - **民法**：私法の一般原則を定めた法
  - **商法**：商事分野の基本原理を定めた法
- **公《こう》法《ほう》**：公共団体の内部組織や、公共団体と私人との関係を規律する法
  - **刑事法**：犯罪の定義と刑罰の内容を定めた法
  - **訴《そ》訟《しょう》法**：権利や犯罪の有無を認定し、民事執行や刑罰を実現する法
  - **行政法**：刑事法にも訴訟法にも属さない諸々《もろもろ》の公法

「法というのは、社会で紛争が起きたときに、しかるべき公正な解決を与え、なすべき正

しい行動を示す基準です。日本法は、この社会で起きるあらゆる問題に基準を与えようと意気込んでおりまして、網羅《もうら》的で包括《ほうかつ》的な体系になっているんですね。うちに来ればなんでも売っているよ、という百貨店の思想ですね」

キヨミズ准教授が言った。

「なんで、わざわざデパートに例えるんですか？」

ワタベ先生が呆《あき》れた顔をして聞いた。

「ははは。あらゆる社会問題を扱ってやるという意気込みが分かりやすいと思ったんですね。それに、あらゆる商品を一括《いっかつ》して扱うという百貨店の思想は、近代法と同じように、近代の発明品なんですね。

さて、百貨店のフロアが商品類型ごとに分かれるように、日本法の体系も扱う問題ごとに分岐《ぶんき》していきます。まず、最初の分岐点、百貨店で言うとメンズ館・レディース館の分岐点は、『私法』と『公法』の二分類ですね。前者の代表が民法で、後者の代表が憲法ですね。今日はまず、民法のお話から入りましょう……」

ここで、タヌキおやじ校長が口を挟んだ。校長は、いつの間にかテレビカメラマンがしているようなイヤホンマイクを付けていて、体育館中に朗々《ろうろう》とした声を響かせる。

「すいません。『私法』と『公法』というのは、どう違うのか、簡単に生徒に説明して下さいますか」

　キヨミズ准教授が答える。

「ああ、失礼しました。確かに説明が必要ですね。この最初の分岐点は、扱う紛争や問題が、一般人同士の問題なのか、一般人と公的団体との関係の問題なのか、という分岐点ですね。『私法』というのは、一般人同士の関係を規律する法ですね。ここに言う一般人というのは、国や地方公共団体のような公権力の担《にな》い手ではない人という意味で、私人と呼ばれます。これに対し『公法』というのは、公《おおやけ》の団体、つまり国や地方公共団体の内部組織や、国・地方公共団体と私人との関係を規律する法ですね。こんな感じでどうでしょう?」

「ありがとうございます。あの、具体例を挙げて頂けると分かりやすいと思うんですが、例えば、私どもが日々接しております学校教育法なんかは、公法なんでしょうか、私法なんでしょうか?」

　校長は、まだ十分に理解できていない生徒の気配を察知して、質問してくれた。

「学校教育法は、国や地方公共団体の一組織である公立学校の運営方法や、私立学校が国との関係で守るべき事項を定めています。つまり、学校と公共団体との関係を定めているわけですから、公法ということになろうかと思います。誰と誰の関係に適用されるのか、というのがポイントですね」

「なるほど。分かりました。ありがとうございます」

校長が言った。

「では、話を進めましょう。このように、日本法の体系は、私法と公法に分かれるわけですね。ある人が巻き込まれる問題というのは、自分と他の一般人との問題か、自分と公共団体との間の問題か、いずれかですね。ですから、すべての法は、私法・公法のいずれかに分類できるわけですね。これが網羅的かつ包括的な体系ということです」

ここで、ワタベ先生が話を引き継いだ。

「私法と公法は、それぞれ細かく分岐していきます。私法の方は、一般人同士の問題を解決するための民法と、商取引、つまりプロ用の法律である商法と、大きく二つに分かれます。民法には、契約とか不法行為の場合の損害賠償《ばいしょう》についてのルールが書いてあり、商法には、商取引の場合の利息や代理のルールなんかが書いてあります。私法には、民法や商法の他にも、労働契約法や特許法、著作権法などの特殊な関係についての法律もあります」

「おっしゃるとおりですね。レディースが、洋服・帽子・アクセサリーと分かれていくのと一緒ですね」

キヨミズ准教授がまた百貨店に例えると、ワタベ先生は、さらっと聞き流して続ける。

「はい。公法の方も枝分かれしていきます。公法は大きく刑事法・訴訟法・行政法の三つに分類されます。刑事法は、犯罪の類型とそれに対する刑罰を定めています。訴訟法というのは、契約を強制的に履行《りこう》させたり、犯罪があったかどうかを認定したりする手続のやり方を定めています。

行政法というのは、刑事法・訴訟法以外の国家や地方公共団体が活動する場面について定めた法の総称です。消防法とか、都市計画法とか、情報公開法とか、そうしたコマゴマとした法は、すべて『行政法』に分類されます」

「そうなると、行政法の先生というのは、ものすごく広い分野を扱うことになりませんか?」校長が、ちょっと驚いた声で言った。キヨミズ准教授が笑顔で答える。

「ははは。そうなんですね。法学者の間にも、他の科目に分類できない法は行政法に任せてしまえ、という空気がありまして、うちの行政法の先生も、『行政法学者は、季刊教育法とか、近代農業とか、月刊コンクリートとか、月刊廃棄物《はいきぶつ》とか、いろんなジャンルの雑誌買わなきゃいけないのに、なんで研究費が憲法学者と同じ額なんだよ』って、よくボヤいていますね。ははは」

一区切りだったようなので、校長は、「じゃあ、ここまでで何か質問ある人？」と声をかける。2年D組の藤枝《ふじえだ》君が手を挙げた。彼は、高校入学時から法学部進学志望だったそうだから、今日を楽しみにしてたようだ。

「すいません。今のお話だと、日本法は大きく二つに分類されるということなんですが、よく六法という言葉を聞きます。六法というのは何なんですか？」

「ああ、六法」

キヨミズ准教授は、間の抜けた声を出した。

「すいません。この人は法哲学者なんで、六法なんてめったに意識しないんですよ。いま言った私法・公法というのは、理論的な分類で、実際にそういう名前の法律があるわけじゃないんです。

六法というのは、それぞれの分野の基本原理を定めた六つの法律のことです。①私法の一般原則を定めた『民法』、②商事分野の基本原理を定めた『商法』、③公法の一般原則を定めた『日本国憲法』、④刑事法の基本原理を定めた『刑法』、⑤民事手続の基本原理を定めた『民事訴訟法』、⑥刑事手続の基本原理を定めた『刑事訴訟法』というタイトルの法律があります。これが六法です」

「ありがとうございます。ちなみに、法律というのは、全部でいくつあるんですか?」

藤枝君が聞いた。

「えーと、どのくらいでしょうねえ?」

キヨミズ准教授が戸惑っていると、ワタベ先生が答えてくれた。

「現在効力を持っている法律は、確か3000くらいです。ただ、その中には、専門家でもめったに見ないものがたくさんあります」

「ははは。そうですね。ですから、弁護士さんや法学部の学生さんが手元に置く法令集を作るとき、そのすべてが書き込まれた本を作る必要はないわけですね。法律専門の出版社は、いま紹介いたしました六法を中心に、重要な法律だけを集めた書物を出版していますね」

「そういう法令集は、一般に『六法』というタイトルが付けられます。ですから、『六法』という言葉は、法令集という意味でも使われます。『六法全書』の他に、特定の分野に着目して法律を集めた『教育六法』とか『環境六法』とかっていう法令集も出版されています」

「ははは。そういえば、私も最近、ある出版社の方から『スポーツ六法』もらいました。

爽やかな気分になりますね。

しかし、考えてみると法令集を『六法』って呼ぶのは変ですね。よく、本屋さんで『重要200法令収録、ミニ六法の決定版』とかって宣伝帯《おび》のついた本売っているんですけど、『200』も収録しといて自称が『六』法、しかも『ミニ』なんですから、かなり変ですね」

会場から笑いがこぼれた。生徒たちは、キヨミズ准教授の発言をギャグとして扱うことに決めたようだ。

「世の中にはヒトとモノしかありません」の私法

「ええと、では、お話を進めて頂けますでしょうか」校長がスライドを切り替えながら促《うなが》した。生徒の笑い声の収束地点を見極めた、抜群のタイミングだ。

スライド3 民法の基本原理 ヒトとモノの区別
人と人との関係は権利・義務により規律する

人＝法的な権利・義務の主体たりうる資格（法人格《ほうじんかく》）を持つ存在
↓ 出生後・死亡前の人間にはすべて法人格が付与される
物＝法人格を持たない存在

「はい。では、ここからは、私法の体系の概略を説明します。私法の一般原則は、先ほどご紹介した『民法』というタイトルの法律に定められています。全部で1000以上も条文がある巨大法典です」

ワタベ先生が言った。ここで、唐突に、キヨミズ准教授が口を挟む。

「ちなみに、法律は、タイトルの文字数が少ないほど格式が高いんですね。タイトルが長いというのは、限定された問題にしか適用されないということですから。例えば、『偽造カード等及び盗難カード等を用いて行われる不正な機械式預貯金払戻し等からの預貯金者の保護等に関する法律』は五十二文字。適用場面を生き生きと思い描けるタイトルで、文学の域《いき》に到達していますね。これに対し、『民法』というのは、いわゆる二文字法で、最高に格式の高い法律なんですね。法典の名前を見ても、ただ漠然と市民の法律らしいということしか分かりませんね」

「ちょっとちょっと、いま説明しているんだから」

「あ、すいません」

ワタベ先生は、妨害《ぼうがい》にめげず、民法の話を続けた。直接話しているときは、そこかしこに悪口やら、グチやらが出てくるのだけど、講義は淡々《たんたん》として丁寧だ。教師というのは、教壇に上がると人格が変わってしまうのかもしれない。もっとも、キヨミズ准教授はいつも通りだけど。


「民法は、人と人との関係を権利・義務の配分という形で規律する、という方針を採用しています。権利を持っているとは、誰かに何かを請求できるということで、義務を負っているというのは、権利者の請求に従わなくてはいけない、ということですね。

こういう方針を採用する場合、まずは、権利・義務の主体となる『人』の定義が重要です。民法は、出生後・死亡前のすべての人間に、『人』としての資格を与えています。この『法律上、人として扱われる資格』のことを法人格と呼びます。『人』と対置されるのが

スライド4 民法上の権利の体系

『物』で、これは権利の主体にはならず、権利の対象となるだけです」

「そうなると、動物や植物は、法的には『物』ということになるんですか？」

タヌキおやじ校長が、少し心配そうに言った。

「そうです。タヌキやキツネは、法的には『物』にすぎなくて、それに怪我《けが》をさせたり殺してしまったりしても、『物の破壊』としか認識されません。もちろん、動物愛護条例のような特別な法的規制があれば別ですが、その場合も、『特殊な物』として特殊な保護がある、という位置づけになります」

ワタベ先生は淡白《たんぱく》に答えた。

「なるほど。ありがとうございました」

タヌキおやじ校長は、タヌキに特別な愛着でもあるのか、一瞬顔を曇《くも》らせたが、気を取り直した様子でプロジェクターの操作に戻った。

物権《ぶっけん》＝**物に対する権利**

所有権などの物を**利用**する権利、物を**担保**《たんぽ》にする権利（担保物権）の二種類

↓最初に占有《せんゆう》した人が所有権を取得する

その後は、所有権者の意思によって、所有権が移転したり、担保物権が設定されたりする

債権《さいけん》＝**特定の人に特定の行為を要求する権利**

↓契約や不法行為によって成立する

「さて、権利の主体の話が終わったので、続いて権利の内容についてお話しします。民法が定める権利は、大きく分けて物権と債権があります。

『物権』というのは、物に対する権利で、大きく分けると、所有権をはじめとしたモノを

使うための権利と、お金を貸すときの担保にする権利の二つがあります。後者は、担保物権と呼ばれますね。物権は、世界中の誰に対しても主張できます。たとえば、僕のこの手帳に対する所有権は、キヨミズさんに対しても、校長先生に対しても、主張できます。だから、手帳をのぞき見しようとする人がいたら、誰にでも『見るな』と言えるのです。

これに対して、『債権』というのは、特定の人に特定の行為を要求する権利のことです。そういえば、先ほど、僕はキヨミズさんに1万円貸したんですけど、『1万円返せ』という債権は、キヨミズさん以外には主張できません」

「ええと、どうやると物権というのが手に入るんでしたっけね？」

キヨミズ准教授が、借金のことなど知らない、という顔で聞いた。

「誰のものでもない物については、最初に占有した人が所有権を取得します。誰かの所有物については、所有権者から買う、貰《もら》う、相続するなどの方法で、取得する必要がありま す。また、所有権者は、所有物を借金の担保にしたりできます」

「ああそうでしたね。川でウナギを釣ったら、そのウナギは自分のものになる。そのウナギは、人に売ったり、子どもに相続させたり、借金のカタにしたりできるようになる、ということですね」

キヨミズ准教授の補足は、ウナギのようにつかみどころがない。

「じゃあ、債権の方は、どうやると取得できるんでしょう?」

校長が聞いた。

「民法は、四つの債権発生原因を定めていますが、メジャーなのは『契約』と『不法行為』ですね。例えば、先ほど言ったように、僕はキヨミズさんに1万円貸したんですけど、ここで、僕には1万円返すよう要求する債権が発生します。これは契約の一種です」

ワタべ先生は、再び、借金の存在を指摘した。

「約束から債権が発生するんですね」

「そうです。日本法では、あらゆる約束から契約が成立することになっていまして、両者の意思が合致すれば、契約書を作らなくても契約が成立します。ただ、裁判所が、書面もないのに契約があったと認定するのは稀《まれ》です」

「なるほど。では、不法行為というのは、どのような行為を言うのですか?」

「文字通り、不法な行為です。他人の物を壊したり、権利を侵害する行為です。これは、故意《こい》と過失《かしつ》の二種類があります。故意というのは、結果が生じることを認識して行った権利侵害のことです。他人の土地だと分かってそこを不法占拠する行為なんかです。

これに対し、過失の方は、結果を認識できたはずなのに、不注意で認識しないまま行った権利侵害です。ちょっと調べれば危険な物質だと分かったのに、安全だと誤認したまま工場から汚染物質を出してしまった、みたいな行為です。交通事故で人に怪我をさせたり、電柱を倒したりなんていうのも、過失の不法行為です。不法行為の訴訟では、それが予測可能だったか、が争点になることが多いです。

こういう不法行為から生じた損害については、その賠償を求める債権が成立します」

ワタベ先生は、ここで一息ついた。あっという間に民法の解説が終わってしまったようだ。

「人と人との間は権利・義務で規律する。権利には、物権と債権がある。物権は、早い者勝ちで取得され、その後、所有権は相続や取引で移転していく。所有権者は、それを担保にできる。債権は、契約や不法行為によって発生する。こういうことですね。いやあ、民法は巨大ですけど、シンプルにまとまるものですね」

キヨミズ准教授が感心した。

「確かに、これだけ覚えておくだけでも、かなりためになりそうですね」

校長も感心したように言った。

「はい。民法は、先ほども言いましたように、1000以上の条文があり、いろいろ細かいことについても定めていますが、それらは個別の状況に応じて細部を明確にしているだけなんです」

スライド5

民法の特別法

・民法：人の定義

例外 ↓ 団体に法人格を与える法人法、会社法など

・物権

追加 ↓ 情報を守る著作権法、特許法、種苗《しゅびょう》法など

・債権：契約

修正 ↓ 労働者保護のための労働契約法、借家人保護のための借地《しゃくち》借家《しゃっか》法など

・債権：不法行為

修正 → 火事の責任についての失火《しっか》責任法など

スライドが切り替わり、ワタベ先生は、話を続ける。

「このように、民法は、私人と私人の関係について適用されるべき一般原則を定めています。このような、すべてに適用される一般原則を示した法を、一般法と言います。もっとも、現代社会というのは、個人で取引するだけでなく、集団で取引することも多いです。また、一口に個人といっても、交渉力は様々で、例えば、雇用者は労働者よりもかなり強い交渉力を持っているわけです。こうした個性を無視して、同じ法律を適用したのでは、不便だったり、公平性が保てなかったりします。

そこで、民法の一般原則を、問題類型に応じて、適宜《てきぎ》修正した法律を用意するわけです。こちらは、一般法に対し特別な修正を加えるという意味で、特別法と呼ばれます。最も重要な特別法としてご紹介しておきたいのが、『人』の定義の例外です」

「先ほどのお話だと、出生後・死亡前の人間が『人』ということですよね？」

タヌキおやじ校長が、自分も人であることを確認するかのように口を挟んだ。

「そうです。この『人』についての例外として重要なのが『法人』という制度です。『法人』の本質については難しい議論が交《か》わされていますが、一般的には、人の集団や財産の集合体に法人格を付与《ふよ》する制度だと言われます。昔は、『民法』の中に法人についての原則規定がありましたが、最近、その大部分が削除され、『一般社団法人及び一般財団法人に関する法律』という法律にまとめられました」

「えっ、本当ですか？　そんな法律知らないですね」

キヨミズ准教授が驚いたように言った。

「知らなかったんですか？」

ワタベ先生は、これだから基礎法学者は、と呆れ顔をした。しかし、キヨミズ准教授に説教しても無駄であることを思い出したのか、すぐに話を続けた。

「『法人』制度の中で、最も重要なのは『株式会社』です。会社に関する規律は、昔は『商法』という法律で定めていました。しかし、最近大改正があり、『会社法』という新しい法律ができました」

「ああ、さすがに会社法のことは知っています。法学部では常識ですね」

キヨミズ准教授が胸を張った。

「いや、社会人の常識です」

ワタベ先生は、淡々と言った。

「ははは。そうかもしれませんね。『商法』というのは、『民法』『刑法』と並ぶ日本に三つしかない二文字法の一つですが、現在では、その中核というべき『会社法』が独立してしまって、あまり大事にされなくなっていますね。『六法』も民法、日本国憲法、刑法、民事訴訟法、刑事訴訟法に加えて、商法ではなく会社法という時代もくるかもしれませんね。残念です」


キヨミズ准教授の感傷を無視して、ワタベ先生は、進める。

「次に、僕の専門である知的財産法という分野のお話をします。これは、『物権』にも『債権』にも分類できない権利に関する特別法です。

民法、というか近代法は、この世のあらゆる存在を『人』と『物』に分けてしまいます。『人』というのは意思の主体、『物』とは意思を持たない存在です。そして、『人』はそれぞれ平等で自由だけど、『物』はそれを所有する人によって全面的に支配される、と考えるわけです。まあ、えんぴつとかマグカップみたいな典型的なモノについては、それでまったく問題ないですけど、『人』とも『物』とも言えない存在が世の中にはたくさんあります。

例えば、人の『身体』や『細胞』です。これの位置づけは非常に微妙です。手足や内臓、精子や受精卵《じゅせいらん》は、それ自体として意思を持っているわけではありません。とはいえ、内臓に抵当権《ていとうけん》を設定したり、試験管の中の受精卵を売買したりすることが、トマトやえんぴつの売買のように許されると考える人は少ないでしょう」

「なるほど。確かに、『身体法』の領域は、近代法学のフロンティアで、現代の法律家が真剣に取り組むべき課題だと言われていますね」

キヨミズ准教授も真顔で言った。

「そうです。キヨミズ先生が専攻している法哲学というのは、まさにそういう問題の原理を考える学問です。

それはともかく、このように『人』にも『物』にも分類できない存在があるわけです。『情報』もその一種です。新聞紙とかUSBディスクとか情報を記録した物は、民法の物権法で処理すればよいわけです。しかし、情報は、物を盗まなくても盗めます。目で見て記憶するとか、写真をとるとか。そこで、工業技術とか文学作品などの情報自体を保護する特別の権利を作り、それを保護するのが知的財産法です。
この分野について、『知的財産法』というタイトルの法律があるのではなく、工業技術を保護する特許法、改良された特定品種の動植物の生産権を保護する種苗法、小説やマンガなど様々な思想表現を保護する著作権法など、分野ごとに細かい法律が定められています」

ワタベ先生は、ここで一息ついて、続けた。

「私法についてのは、その他にもいろいろ重要な法律がありますが、それらはすべて『民法』の定めるベースに『特定の場合の例外や修正』を設ける法律だと言っていいでしょう。労働契約という特殊な契約には、最低賃金法・労働基準法・労働関係調整法を適用する、土地の貸し借り、家の貸し借りには、借地借家法を適用する、といった具合です」

キヨミズ准教授が口を挟んだ。

「そういえば、先ほど、民法は適用範囲が広い格式の高い法律だと言ったんですが、これは、優先的に適用されるという意味ではないんですね。

例えば、民法の原則だとマズいから、労働法つくったのに、労働関係に民法が適用されたら意味ないわけですね。どんな内容の契約でも当事者が合意すれば有効というのが民法の原則ですが、これを当事者の交渉力に大きな差がある労働契約の場面に適用するとひどいことになります。そこで、『最低賃金以上の賃金』・『育児休業』・『労働現場での安全配慮』といった事項は、雇用主が嫌と言っても、契約内容に盛り込まなくてはならないという特別法が適用されます。

だから、場面を限定した特別な法律がある場合には、一般的に適用される民法のような法律は排除されます。これは、『特別法は一般法を破る』って呼ばれる法原則ですね。そうすると、民法は、実は一番力の弱い法律だとも言えますね。けんかになると必ず負けます。それに、私法には、重要な特別法うじゃうじゃありますから、民法は、ものすごく破られていますね」

「まあ、たとえ、例外を定める特別法がどんなにあったとしても、基本あってこその例外ですからね。特別法を理解したかったら、基本法を徹底的に身につけないといけません」

ワタベ先生は、このように話を締《し》めた。

「堅苦しくて悪かったな」の公法

私法の話が終わったところで、校長がプロジェクターを操作した。

スライド6 公法の根本原理

公法 ＝ 個人と国家の関係に適用される

第一原理：公権力は、国家により独占される
第二原理：個人は、公権力により禁止されない限り、何をしても自由
第三原理：国家が公権力を行使する場合には、法律の根拠が必要である

今度は、キヨミズ准教授が話を始めた。

「それでは、公法の話に入りましょう。公法というのは、個人と国家の関係を規律する法律ですね。ここに言う国家というのは、公権力を担《にな》う団体のことですね。日本国の場合、公権力は『国』と呼ばれる中央政府と、都道府県や市町村などの地方公共団体によって分担されているので、日本の公法は、個人と国および地方公共団体の関係を規律していると思って頂ければいいですね。

公権力というのは、相手が嫌だと言っても強制的に従わせる力、つまり暴力によって担保された権力のことです。公権力は、国家だけに帰属する、というのが近代法の基本原理ですね」

「権力が国家に帰属するのは、当たり前だと思うんだけど、違うんですか？」

ワタベ先生が聞いた。

「暴力が国家『だけ』に帰属する点がポイントなんですね。古代帝国や中世社会では、帝国や国王も権力を持っていましたけど、教会だとか、封建《ほうけん》領主だとか、国以外の主体がそれぞれ訓練され武装された一団を持っていたわけですね。

近代社会は、そういうのは不当であり、暴力は国家によって独占されなくてはならない、という規範が一般的になった社会なんですね。もちろん、現代社会にも暴力団やマフィアはいますけれど、規範的にはあってはならない存在だとされていますね」

「ああ、確かに」

ワタベ先生は納得した。

「そんなわけで、公権力を独占する団体である国家と個人との関係を規律するのが公法ですね。日本の公法の一般原理を定めているのが『日本国憲法』です」

「憲法にも、民法についてワタベ先生がお話しされていたようなシンプルな基本原則があるんですか?」

校長が聞いた。

「はい。もういたってシンプルに、『国民が国家から自由であること』が原則になります。そして、『国家が権力を行使する場合には、国民の自由の制限が必要最小限になるように、法律という厳格なルールに則《のっと》って行使《こうし》しなければならない』というのが憲法の定めるルールですね。国民は最大限自由に、国家は最大限慎重に、ということですね」

「国民の側から見ればありがたいけど、国家にとってはずいぶん堅苦しい話だね」

ワタベ先生が言った。

「ははは。おっしゃる通りですね。ただ、『公権力』というのは、個人の都合や価値観を無視して、強制的に行使されますからね。それが、無制限に行使されては困るんですよ。そういうわけで、公法はとても堅苦しいです。

その堅苦しい公法の中でも、特に堅苦しいのが、刑事法と訴訟法の領域ですね。刑罰というのは、個人の生命・自由・財産を有無を言わさず奪いますから、最強度の自由制約ですね。また、訴訟というのは、義務を強制的に履行させたり、刑罰を科してよいかどうか決める手続なので、形式的にも実質的にも非常に厳格な手続である必要があります」

ワタベ先生がひと言、グチをこぼした。

「確かに、公法の先生たちは堅苦しいですし、刑事法や訴訟法の先生方の細かさはものすごいです。この前、教授会の議事録で、僕の名前がワタベじゃなくて、ワタミになっていたのを民事訴訟法の先生が発見しまして、教授会メンバー全員で訂正印を押したんですよ。あれには参ったなあ」

「ははは。私も、ワタベ先生にワタミ先生に改名してもらえればと提案したんですが、否決されました」

その提案の方が無茶じゃないか?

あらゆる世界を見通す近代法の野望

「日本の法体系が、だいたい説明できましたので、最後に、現在われわれが使っている近代法という法が、どんな法なのか、お話ししたいと思います」キヨミズ准教授が言った。

そこで校長が、再びスライドを切り替える。

スライド7 近代とは？

近代とは、世界を意味づける
単一・絶対の視点を想定する時代である

「なんだか、禅問答《ぜんもんどう》のようなスライドですね。どういう意味ですか？」

ワタベ先生が聞いた。

「はい。近代以前は、世界を意味づける視点が社会に複数あって良い、とされていました。貴族には貴族の世界、商人には商人の世界、奴隷《どれい》には奴隷の世界があったんですね。属する身分によって世界観そのものが違いましたし、使う言語も違ったりしたわけですね。

例えば、中世の日本では、公家《くげ》と武家《ぶけ》では全然世界の見方が違っていて、そのことを示すこんな記録が残っているそうです。ある公家が通りすがりの武士に『院《いん》が通るから注意しろ』と言ったらしいんですね。『院』というのは、引退した天皇のことで、お公家さんにとってはとても偉い方です。ところが、その武士の方は、院のことなんて全然知らなくて、

『犬？　犬なら俺が射殺《いころ》してやる』と言った、と。これは、べつに、武士の権力が公家をはるかに上回っていたということではなく、武士と公家が相互理解を欠いていたことを示すエピソードだと言われています。こんな風に、中世というのは、身分が異なると、お互いがお互いのことをよく分からない、という世界だったようですね。

　近代は、そのような身分制と呼ばれる社会秩序を解体して、全員が同じ身分に立ち、同じ視点で世界を認識する時代なんですね」

「あのう、確かに現代社会には奴隷や貴族はおりませんけど、貧富《ひんぷ》の格差や、職業の違いなどによる価値観の差はありますよね？」

　校長が聞いた。

「もちろん、現代の人々の間にも、いろいろな違いがありますね。ただ、人々は皆平等でなければならないし、全員が同じ世界に属していなくてはならないという規範が共有されているわけですね。例えば、貧富の格差や職業の違いも、『市場経済』という『共通のルール』を適用した結果として生じているにすぎない、と理解するわけですね。なので、貧富の格差は、身分制の身分のように固定されたものではありません。

　これに対し、近代以前は、事実として世界が分裂していて、規範的にもそれで良いと考えられていたわけですね。中世では、その人がある身分に属し、身分のルールが適用されることを前提に社会秩序ができていますから、身分を変えたり、異なる身分を混和《こんわ》したりすることは、あってはならないんですね。例えば、貴族と平民では財産や相続のルールが違いますから、身分違いの結婚をされては困るわけです。

そういうわけで、中世の貴族であることと、現代のお金持ちであることは、裕福な生活をしているという事実は一緒でも、規範的に見れば全然違うわけですね」

「なるほど」校長は納得したようだった。

「『全員が共通のルールの下に』というのは、『全員が同じ神の下に』という一神教の世界観に似てるなあ」

ワタベ先生がつぶやいた。

「ははは。おっしゃるとおりですね。『近代とは、世俗化された一神教だ』という定義をされる社会学者の先生もいるくらいです。

近代法というのは、こうした近代というプロジェクトの一環《いっかん》ですね。近代法は、この世に生じうるすべての問題を、統一された原理の下に処理しよう、という発想に基づいていますね。例えば、出生後死亡前のすべての人間に平等な法人格が付与される、という民法原理や、公権力は国家が独占する、という公法原理は、まさに近代思想です」

「この世に生じうるすべての問題、って、ずいぶん大げさな……」

ワタベ先生はいつもの呆れ顔をした。

「ははは。でも、実定法学者って、SF作家もびっくりの空想事例をどうやって処理すべきか、嬉々《きき》として議論しますよね？」

「ああ、確かに。刑法学者なんか、『Aが致死量の半分の毒を入れて、立ち去った後に、Bがもう半分の毒を入れた場合、Aは殺人罪か？』みたいな、しょうもない事案の話で、半世紀くらい盛り上がっているよね」

ワタベ先生は、刑法学者にも呆れているようだ。

「こんな風に、近代法は、机上《きじょう》の空論《くうろん》事例も含めて、すべてを網羅しようとしますね。そのためには、まず、普遍的に適用される一般原則を作る必要がありますね。それを示したのが、いわゆる二文字法なんですね。

そういえば、一般原則を作っておくというのは、実生活を秩序づけるのにも大切ですね。『昼ごはんは13時に学食のA定食』というのが、私の昼ごはん基本法ですね」

一部の生徒が笑った。キヨミズ准教授のファン層が形成されつつある。

「……。あのさあ、もう少しマシな例ないわけ？　例えば、ビジネスの場面だって、『原則として、自己資本比率X％以上、三期連続黒字の企業のみと取引すること』みたいな基準があったりするでしょう」

ワタベ先生の呆れ顔も、最高潮《さいこうちょう》といったところだ。

「ははは。そうですね。今日は、こちらにお邪魔していて、昼ごはん基本法の原則を修正しなければならないので、気になってしまったんですよ」

ここで、岩渕さんが「せんせーい、うちの学食にもA定食ありますよー。今日は、サンマのかば焼きでーす」と元気に声をかけた。キヨミズ准教授は、「それはうれしいですね。ぜひそうします」と本当にうれしそうに言って、次に進んだ。

「ただ、ここまでのお話から明らかですが、一般法を作っておくだけでは、問題を適切に解決することはできませんね。先ほどお話しした労働法の話を思い出して下さい。

ちなみに、『出先の昼ごはんはオススメに従え』というのが、慣れない所に行く場合の私の特別法です。先ほど、A定食をオススメされたので、そうするつもりですね」

「じゃあ、A定食以外をオススメする人はいますか？」

ワタベ先生が、突然、会場に投げた。不機嫌にいやがらせをしているのか、意外にお茶目なのか、微妙なところだ。すると、村山さんが「わたしは、昨日始まった冷やし中華がオススメです！」と声をかける。キヨミズ准教授は、「ははは。二つもオススメがあると、困ります。後で、詳しく検討しますね」と言って、次の話題に移った。

「さて、こんなわけで、まず、一般法によって網羅し、個別に分類された特別法で修正する、というのが法学の思考です。これによって、近代法は、統一的でありながら、多様な問題に対応できる体系にまとめ上げられるわけです。

日本法の体系というのは、まず私法と公法という大きな二つの幹に分かれ、それぞれ特別法というたくさんの枝が生えていて、その枝はさらに分化しているわけです。それをまとめたのが、このスライドですね」

スライド8 法体系の大樹《たいじゅ》

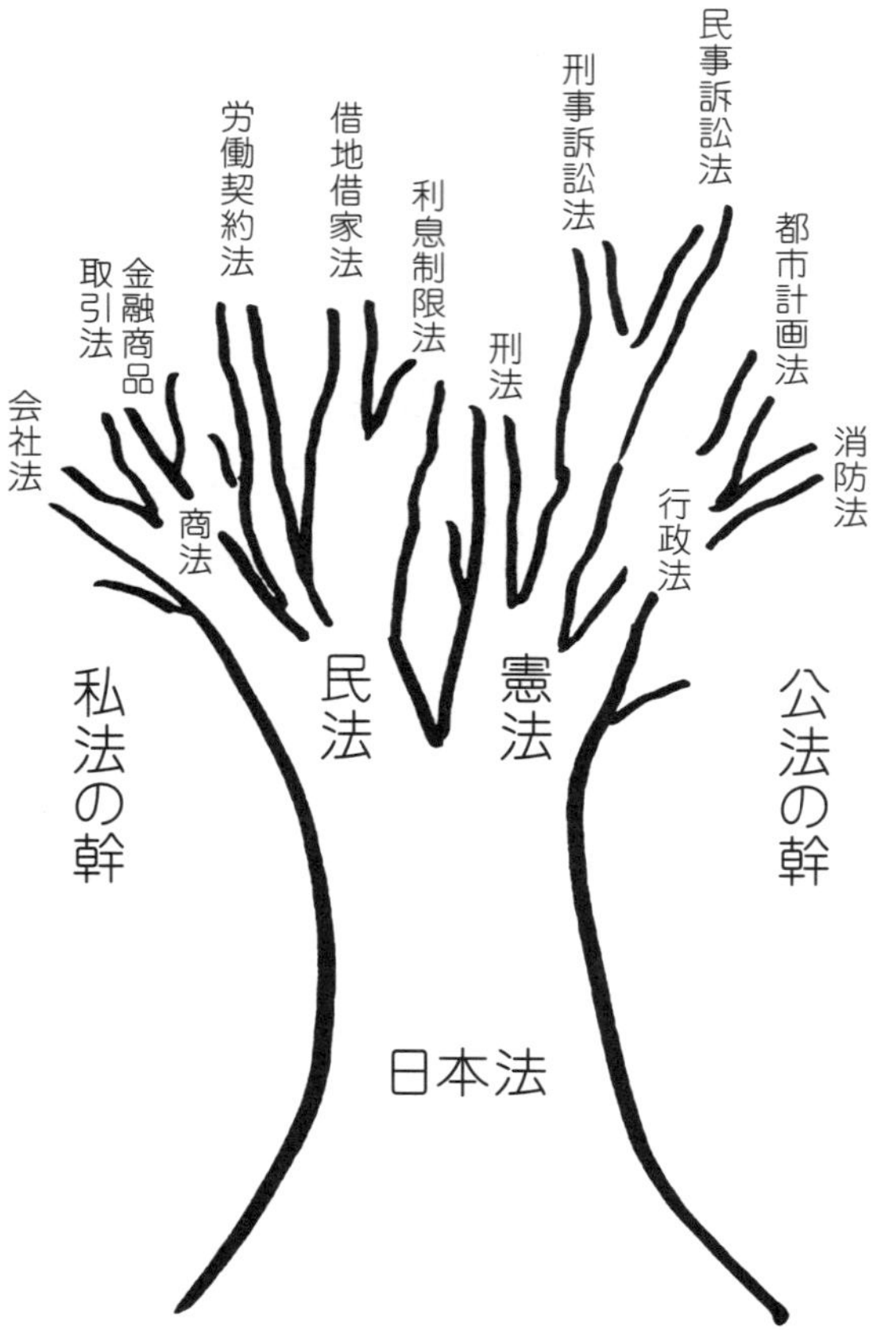

「この太い幹と無数の枝の構造を理解しておけば、あらゆる法的問題について、具体的な条文を暗記していなくても、どの法律のどの条文を引けば処理できるのか、判断できるようになりますね。商品分類の構造を熟知した百貨店の案内係が、どんな商品でも、それは何階のどの棚にあるはずです、と答えられるのと一緒ですね」

「また、デパートの例を……」

ワタベ先生が、つっこんだ。

キヨミズ准教授は、校長に時間を確認し、最後のまとめに入った。

「最後に、法学が、なぜ体系思考にこだわるのか、についてお話しします。時代の移り変わりなどにより、これまでの法体系では適切な結論が得られない新しい問題に直面することがあります。そういう場合、近代的な法律家は、その問題を法体系の中に位置づけて解決しようとしますね。これは、わずらわしい思考方法ですし、何かと前例にこだわる『お役所仕事』に見えます。

しかし、こういう思考は、『公平』という価値と深く結びついているんですね。様々な問題を統一的な原理と体系の下で処理して初めて、公平な判断ができるわけです。『公平』の実現には、コストが必要だ、まどろっこしい思考方法にも意味があるんだ、という側面にも目を向けて頂ければうれしいですね」

ちょっと抽象的で分かりにくいな、と思っていると、校長が問いかける。

「公平のためのコストとは、具体的にはどういうものなのでしょう？」

「熟慮《じゅくりょ》のための時間や、合理的なルールを作るための高度な思考といったものですね。例えば、災害が起きたときに、首相が目についた可哀《かわい》そうな人に片っ端から補助金を交付したりすると、確かに迅速《じんそく》に救われる人もいます。しかし、予算は限られていますから、もらえない人が出てきたりしますし、たまたま目についた人だけが救われるのでは、人々の間に大きな不満が出るでしょう。

そういうことのないように、迅速性を犠牲にしても、公平なルールを作り出す必要があるわけです」

キヨミズ准教授が話し終わると、校長が「ありがとうございます。よく分かりました」と言って、「それでは、何か質問のある方」と会場に呼びかけた。

岩渕さんが手を挙げる。

「今日はありがとうございました。法学部の出張講義ということで、内心は眠くなるんじゃないかと思ってビクビクしていましたけど、ミニ六法のあたりから気分が乗ってきて、最後までわくわくして聞いてしまいました。お二人に伺《うかが》いたいんですけど、法学を勉強していて、一番、楽しくてわくわくするのは、どんなときですか?」

キヨミズ准教授が楽しそうに答える。

「ははは。ストレートなご質問ありがとうございます。私が思いますに、法は言葉にすぎないのに、人間を本当に強く拘束《こうそく》している社会のインフラなんですね。インフラですから、普通に暮らしていると、それがどんな仕組みで動いているのか、誰が整備しているのか、目に入ってこないですね。でも、法学を勉強していると、そういうことが分かってくるわけですね。法学には、普段は見れない電車の整備工場を見学しているような楽しさがありますね。ワタベ先生はどうですか?」

「そうですね。僕は、誰かが不利益を我慢するのではなく、こうすれば当事者も満足するし、社会にも有益だという法的ルールを思いついたときが、一番楽しいですね。優れた法を創《つく》り出すのが、法学者の使命であり喜びですから」

ワタベ先生はとてもまじめな口調で言った。

その後、いくつか質問をやりとりしたあと、校長が言った。

「ありがとうございます。それでは時間になりましたので、ひと言ずつお願いします」

まず、キヨミズ准教授が話し始める。

「今日は、ご清聴《せいちょう》、ありがとうございました。こちらにいらっしゃる皆様は、法学部とは別の進路に向かう方がほとんどでしょうし、社会に出れば法的思考の堅苦しさに頭を痛めることも多いでしょうが、そんなとき、『公平』という価値と、今日のお話を少しでも思い出して頂ければうれしいですね。ありがとうございました」

ワタベ先生もマイクを手に取る。

「今日、山道を登ってくるのは大変でしたが、真剣にお話を聞いて下さって、とても光栄に思いました。進学先として、法学部、特に港湾大学法学部を考えて頂ければうれしく思います」

ワタベ先生は、ずいぶん優秀な港湾大学法学部のセールスマンだ。

二人の話は、時間通りにテキパキ終わったし、評判は良かったようだ。大きな拍手に包まれる。

拍手が終わると、手早くプロジェクターを片付けた校長が前に立った。

「はい。今日の講義は、法律について持っていたゴチャゴチャしたイメージが一気に整理されるという感じで、大掃除が終わった後の爽快感《そうかい》のようなものを今、味わっております。本当にどうもありがとうございました。それでは、もう一度拍手を」

再び大きな拍手。

その後、解散になったが、キヨミズ准教授とワタベ先生のまわりには、質問をしたり、感想を伝えたりする生徒が集まっている。ひと言挨拶をしたかったけど、人だかりは解消しそうにない。遠くから会釈《えしゃく》をして、体育館を後にした。

その後、教室に戻り、午後予定されている英単語テストに向けて、簡単に復習をすると、学食に向かった。もしかしたらキヨミズ准教授と話せるかもしれないと思ったんだけど、学食でも二人のまわりには、藤枝君をはじめ、たくさんの生徒がいて、声をかけることはできなかった。まあ、それならそれで仕方がない。縁《えん》があるなら、また、どこかで会えるだろう。

これが、二人の出張講義だった。

・近代法とは？

→すべての人間を、
同じ原理・ルールで規律しようとする思想

具体的には、基本法で原則的ルールを定め、
類型ごとに特別法で追加的・修正的
ルールを定める

(例) ＜基本法＞	＜類型＞	＜特別法＞
民法 →	労働契約	→ 労働契約法
	住居の賃貸	借地借家法

重要！ ☆すべての関係を網羅し、
体系化するのが近代法！

キタムラ
ノート
3

日本法の体系

日本法

→ 私法＝一般人と一般人の関係に適用される

民法が基本法

①出生後、死亡前のすべての人は
権利（物権、債権）を持てる

②物権＝所有権を中心にした物への権利
→所有権者はその物を
自由に使えるし、担保にもできる

③債権＝契約、不法行為などから発生する

→ 公法＝一般人と公共団体（国・自治体）
との関係に適用される

憲法が基本法

①人は法律で規制されない限り自由

②法律を作るときは、国会で

港湾大学老松町《おいまつちょう》キャンパス周辺図

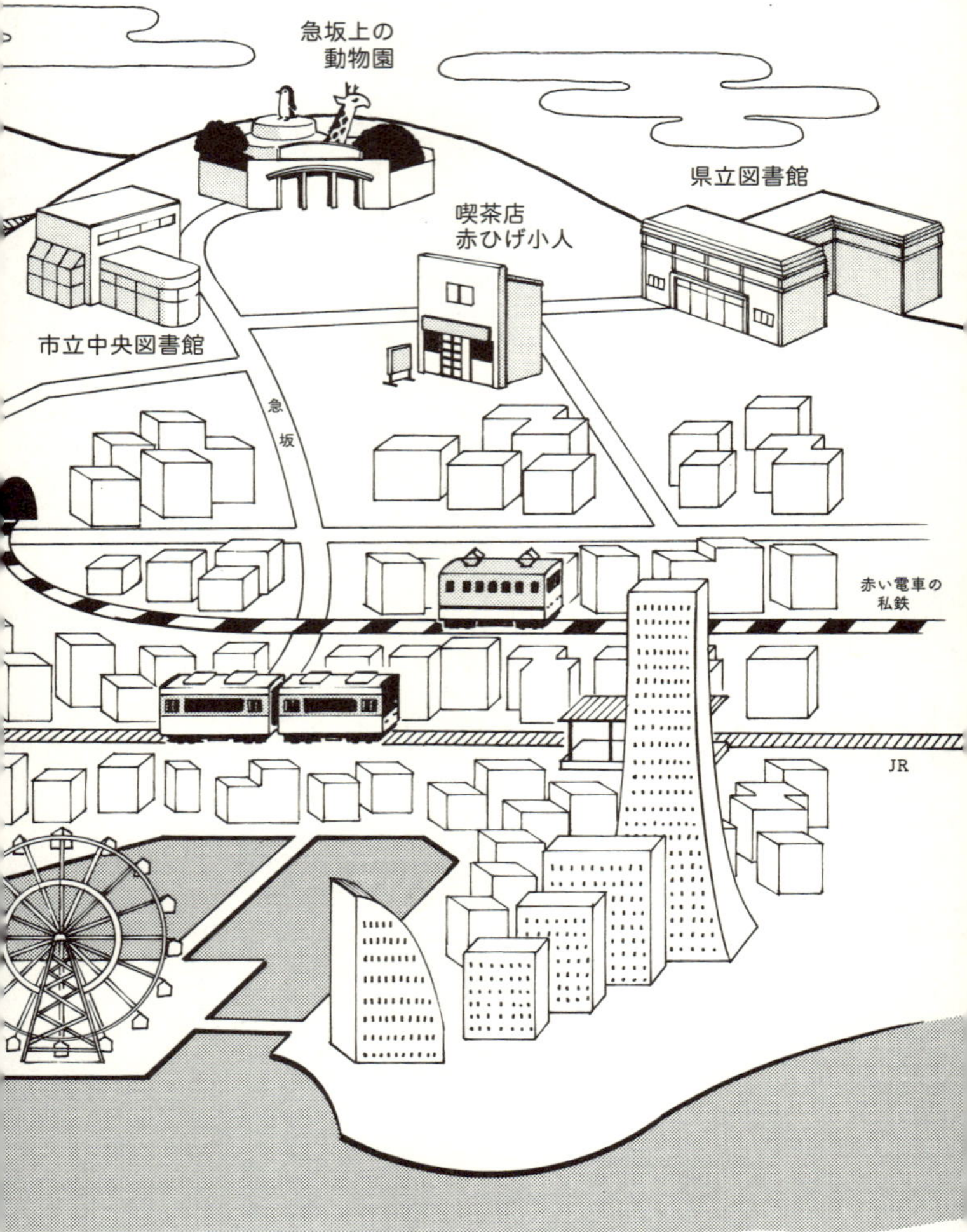

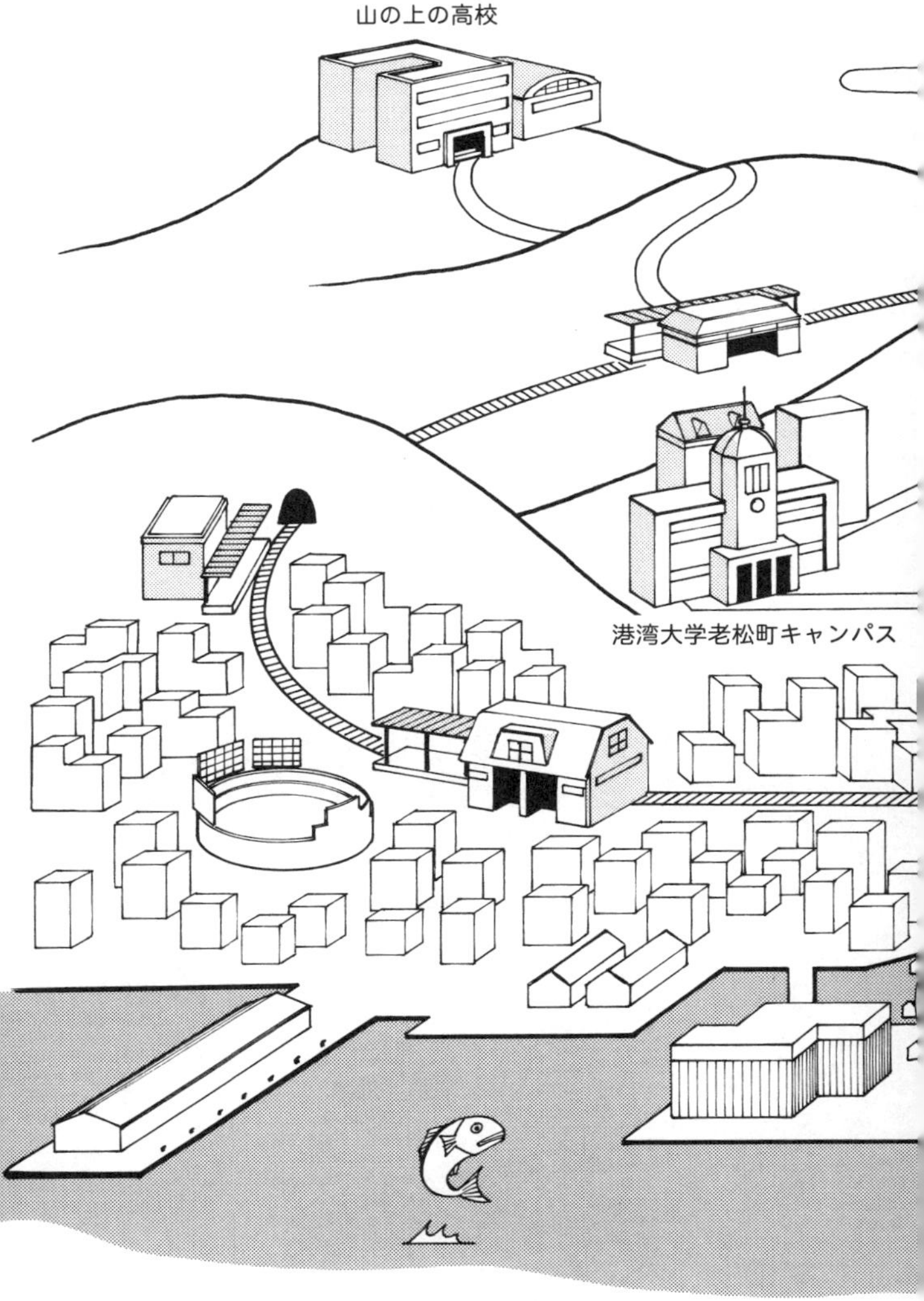
山の上の高校
港湾大学老松町キャンパス

Chapter 4

青春の文化祭に、法解釈の神髄《しんずい》を見た

キヨミズ准教授とワタベ先生の講演会から1か月が過ぎた。僕の高校では、文化祭を7月にやる。受験競争勝負の夏休みになる前に、お祭りを打ち上げておくのだ。このあたりは、曲がりなりにも進学校、という意気込みだろうか。

僕のいる2年I組は、「ウォーリーを探せ」をやることになった。ウォーリーというのは、赤縞《あかしま》シャツに青いGパン、丸メガネの例の男だ。

クラスの連中は、グループごとに大きな写真パネルを作る。クラスメイトがウォーリーの格好をして、こっそり街に紛《まぎ》れ込んでいるパネルだ。それを教室に展示して、実写版「ウォーリーを探せ」をやってもらうのだ。

でも、このパネル展示だけでは、文化祭当日にやることがなくなってしまう。そこで当日は、模擬店で賑《にぎ》わう中庭に、ウォーリーに扮《ふん》した奴をまぎれ込ませておくことにした。写真パネルのウォーリーを全部見つけた人には、最後の仕上げとして、教室の窓からリアル・ウォーリーを探してもらう。これが2年I組の企画だった。

ほらウォーリーが……あれ、どこいったんだ?

文化祭一日目の午前、僕は、教室の案内係をしていた。パネルに落書きされないよう見張ったり（なぜ人はウォーリーを見つけるとマルで囲みたくなるのか……）、窓からウォーリーを探す人の案内をしたりする。

滑《すべ》り出しは上々で、同級生はもちろん、先輩や後輩も楽しそうにパネルを見てくれる。一番簡単なのは僕のグループのパネルで、広場で遊ぶ保育園児に一人だけ高校生のウォーリーが交《ま》じっている。みんな30秒もしないであっさり見つけて、次のパネルに行ってしまう。これに対して、一番難しいのは、岩渕さんグループのパネルだ。舞台となった横浜スタジアムの広島戦レフトスタンドは、カープファンで埋《う》まり真っ赤だ。岩渕さん自身も、ウォーリーを探すのに10分以上かかった。

10時30分になると、学内の客は一通り回ったようで、教室は静かになった。ぼーっとしていると、見覚えのある大人がやってきた。

「あ、キタムラさん。こんにちは」

キヨミズ准教授だ。

「どうも、こんにちは。先日は、どうもありがとうございました」

ちょっとびっくりした。高校の文化祭なんて、大学の先生がわざわざ興味を持つようなものでもない。それで、聞いてみた。「今日は、どうしてこちらにいらっしゃったんですか？」

「ははは。実は、この前、講演したときに、本を忘れてしまいましてね。校長先生が気づいて知らせて下さったんです。そのとき、今日、文化祭をやるって伺《うかが》いまして、せっかくだから、来てみようと思ったんですね」

キヨミズ准教授は、古ぼけた本を見せてくれた。難しそうな洋書で、表紙のタイトルすら読めない。アルファベット文字ではあるけど、何語だろう？　そう思っていると、説明してくれた。

「あ、これは、Friedrich Carl von Savigny、えっと、サヴィニーっていう人の『System des heutigen Römischen Rechts』、えー、訳すと『現代ローマ法体系』っていう本です。ドイツ語ですね」

キヨミズ准教授のドイツ語は流暢《りゅうちょう》だった。

「サヴィニーは19世紀に活躍したドイツの天才法学者で、ローマ法の大家《たいか》なんですね」

そんな本のどこが面白いのか、なぜ、ローマ法なんてものを勉強しているのか、聞いてみようかとも思ったけど、やめた。せっかく来てくれたんだし、クラスの企画を案内する。

「うちのクラスは『ウォーリーを探せ』っていう企画をやっています。パネル写真のどこにウォーリーがいるか、ぜひ探してみて下さい」

「ははは。面白そうですね。じゃ、早速やってみましょう」

キヨミズ准教授は、まず、僕のグループの作品「広場で遊ぶ子供たち」からチャレンジした。……。3分経過。このパネルで1分以上かかる人は初めてだ。

「あっ！　見つけた！　いや時間かかりましたね」

キヨミズ准教授は、他人事《ひとごと》のように言った。

「そうそう、そういえば中庭にもリアル・ウォーリーがいるんでしょう。ちょっと探してみていいですか？」

「ええ。どうぞ」

まだお昼ご飯には早いから、人出も少ない。キヨミズ准教授でも、簡単に探せるはずだ。……。5分経過。さすがに心配になって、僕もキヨミズ准教授の隣で探すことにした。

「いやあ、難しいですね」

確かに。今の時間帯は、岩渕さんと村山さんのバレー部ペアがウォーリーの格好をしているはずだ。そんなに、気合を入れて隠れなくてもいいのに。

さらに1分。かなり気まずい時間が流れた。

突然の企画中止命令は、実行委員の横暴《おうぼう》だと思う

僕とキヨミズ准教授が、目を皿のようにして中庭を見つめていると、後ろから怒りに満ちた声がした。

「ちょっと、組長！」

暴力団みたいな呼び方に、キヨミズ准教授はびっくりしたようだ。

「えっ、キタムラさんは、そちら方面の方だったんですか？」

「いいえ、違います。僕の高校では、学級委員のことを組長と言うんです。学級委員の会議は、『組長会議』です。僕は、クラスの委員を決める日に、風邪《かぜ》で休んでしまって、次の日に登校したら2年I組の『組長』になってたんですよ」

風邪で休んでいる人を勝手に組長にしてしまうんだから、このクラスも大したものだ。説明しながら振り返ると、赤縞シャツに青いGパン姿の岩渕さんがいた。

「あっ、ウォーリー見つけた！　いやあ、苦労して発見すると、うれしいものですね」

いや、どう見ても何かトラブルがあって教室に戻ってきたんだと思う。岩渕さんは、キヨミズ准教授がいるのに気付き、ちょっとびっくりしたようだ。

「あれ！　キヨミズ先生じゃないですか。今日はどうしたんです？　でもちょうどよかっ

た。ちょっと聞いて下さい」

岩渕さんは状況を説明した。岩渕さんと村山さんがウォーリーの格好をして、中庭を歩いていると、突然、文化祭実行委員長の藤枝君が声をかけてきた。なんでも、僕たちの企画は、文化祭実行委員会規約の8条と9条に違反するから、直《ただ》ちに停止しなくてはならないのだそうだ。

「え、企画書は事前に通したよね。うちの企画の何が問題なわけ?」

「だから、規約の8条と9条だってば」

岩渕さんは、各クラスに配られる『文化祭参加団体ハンドブック』の14ページを見せてくれた。こう書いてある。

文化祭実行委員会規約

第8条

人格的権利は、何人《なんぴと》に対してもこれを保障する。いかなる文化祭参加団体も、人格的権利を侵害する催《もよお》しや企画をしてはならない。

第9条

1 文化祭の参加者は、青春の輝きと若者のひたむきな気持ちを基調とする文化祭実現を誠実に希求《ききゅう》し、若さゆえの過ちたる殴《なぐ》り合いと、グラサンによる威嚇《いかく》又は派手なシャツの利用は、文化祭参加団体間の紛争を解決する手段としては、永久にこれを放棄《ほうき》する。

2 前項の目的を達するため、メリケンサック・グラサン・派手なシャツは、これを利用してはならない。文化祭参加者の派手なシャツ着用権は、これを認めない。

……。しばし沈黙。

僕は、岩渕さんの格好を見ながらつぶやいた。

「第9条は、『派手なシャツ』の禁止か。でも、そんなに派手かな」

「第8条は、何が問題なんですか?」

と、キヨミズ准教授。

「このパネルに、いろんな人が写っているでしょう。藤枝は、それを勝手に掲示するのは、『肖像権』という『人格的権利』の侵害だって言うの」

「えっ？　ショウゾウケンって何？」

「うーん、よく分からないんだけど、他人の写真を勝手に使っちゃダメなんだって。そんで、今になって言われても困るって言ったんだけど、『実際のパネルやシャツを見たのは、今日が初めてだ。事前に知ってたら当然禁止していた』って言うの」

ああ、確かに。企画を決めたのはいいけど、準備は思ったよりも大変で、シャツやパネルが準備できたのは、どのグループもギリギリだったんだ。

「今、村山さんが実行委員会本部で交渉しているの。あなた組長なんだから、一緒に行って、責任もって説得しなさい！」

面倒なことになったなあ、と思っていると、キヨミズ准教授が申し出た。

「ははは。それは困りましたね。まあ、とりあえず行ってみましょう。私も付き合いますよ」

「え、本当ですか。ありがとうございます」

岩渕さんは、強い味方を得て、ちょっと肩の荷が下りたのか、意外に可愛い笑顔を見せた。

「いえいえ。先日、A定食と冷やし中華をご紹介して下さったお礼もしたかったですしね。

それに、ちょっと気になります。『人格的権利』の中に『肖像権』が含まれるなんて論理は、なかなか大したものですね」

藤枝君は、法学部志望で、この前も『六法』について質問していたけど、もう法律の勉強を始めているんだろうか。

たこ焼きを食べながら「法解釈って何?」

そんなわけで、僕たちは、文化祭実行委員会本部に向かった。本部は、体育館脇にあるプレハブの建物の一角にある。倉庫と会議室の間のような部屋に入ると、ウォーリー姿の村山さんと学ランをきっちり着た藤枝君が、長い机をはさんで向かい合って座っていた。

キヨミズ准教授は、部屋に入るとうれしそうに言った。

「あ、ウォーリーもう一人見つけましたよ」

だから、今はそんな場合じゃない。

「「あ、キヨミズ先生!」」

藤枝君も村山さんも、とても驚いた顔をした。

「どうもこんにちは。藤枝さん、先日はA定食と冷やし中華を取り分けて下さってありがとうございました。どちらにしようか決められなかったので、おかげさまで、いろいろな味を楽しめましたね」

どうやら、キヨミズ准教授は、藤枝君とも例のパターンで食事をしたらしい……。

「あのー、ちょっと話し合いのご様子、見学させていただいてよろしいですか。なかなか興味深い議論になるかと思いまして」

えっ、見学？　法律の専門家としてキヨミズ准教授が藤枝君を説得してくれるんじゃないのか？　キヨミズ准教授の発言に一同が驚いていると、突然、「ビューティフルサンデー」のメロディが鳴り響いた。携帯電話の着メロだ。キヨミズ准教授は、「ちょっと失礼します」と言いながら通話ボタンを押した。

「あ、ワタベ先生。……今ですか。ええと、文化祭実行委員会の本部に来ていますね。……ええ、はい。……体育館の横の建物ですね。あ、そうだ、ちょうどいいから、たこ焼きとジュースを。……えーっと、6人分です。……ええはい。それじゃどうも」

しばらくして、ワタベ先生がやってきた。かなり不機嫌そうな表情だったけど、人数分のたこ焼きとジュースを持っている。悪い人なのか良い人なのか、ぜんぜん分からない。

「あのさ、勝手にいなくならないでよ。2年I組でウォーリー探してるんじゃなかったの？」

「ははは。すいません。ウォーリーを探していたら、思いがけない方向に進んでしまったんですね。実は……」

キヨミズ准教授は、一連の経緯《いきさつ》を説明した。

「……。そんなわけで、私、ここで見学させていただこうかと思ったんですね」

ワタベ先生は大きなため息をつきながら、これは付き合うしかないかと諦《あきら》めた様子で、腰を下ろした。

「まあ、せっかくなんで、たこ焼きを食べながら、議論を進めましょう」

キヨミズ准教授は、ワタベ先生が買ってきてくれたジュースとたこ焼きを配った。僕たちは、戸惑いつつ、とりあえずお礼を言う。

「あの、先生たちは、何するんですか？」

岩渕さんが尋《たず》ねた。

「そうですね。今回の争いは、まさに法解釈の争いなんですね。ですから、私たちが隣にいて、ご相談にのったり、議論を解説したりすると、皆さんのお役に立てるのではないかと思うんですね」

どちらかの味方をするわけではないらしい。ワタベ先生はといえば、完全に諦めモードで、たこ焼きを食べ始めている。

「すみません、法解釈ってなんですか？」

村山さんが声をかけた。ずっと藤枝君と議論してきたためだろう。彼女の声にはいつものハツラツとしたところがない。バレー部の作戦参謀《さんぼう》で、頭の回転の速さならクラス一番の村山さんが苦戦しているんだから、藤枝君はかなりの強敵だ。

「法解釈ですか？　そうですね、先日、日本にはかなり立派な法律の体系があるって話しましたね。しっかりした法律の条文があると、たいていの法律問題は、それを見るだけで解決できるんですね。えーと、例えばですね……」

キヨミズ准教授は、適当な事例を挙げようと、思案《しあん》をめぐらせた。

「例えば、『殺してやる』とか言いながら、ナイフを心臓に突き立てる行為が、刑法199条に言う『人を殺』す行為だ、なんて判断する場合でしょ」

ワタベ先生が、助け舟を出した。たこ焼きがおいしかったのか、少し機嫌が回復している。

「ああ、ワタベ先生はエスパーですね。私も、その例、授業でよく使います。こんな風に、事実の処理について、法律の条文から直接に判断できる場合は、『法解釈が不要な場合』と言われますね」

こう言うと、キヨミズ准教授は、「ちょうど、授業のために作っといたのがあるはずなんですね」と言いながら、鞄《かばん》からパネルを取り出した。

キヨミズパネル1 法解釈が不要な場合

法律の条文　「人を殺した者は、死刑又は無期若《も》しくは五年以上の懲役に処する」

事実の認定　Aが「殺してやる」と叫びながら、ナイフをBの心臓に突き刺し、死に至らしめた

あてはめ　Aの行為は、「人を殺した」にあたる

↓ **その法律が適用されるかどうかを、直接、即座に判断できる場合**

民法第1条は「法解釈が必要な場合」の典型

僕たちはたこ焼きを食べながら、キヨミズ准教授の話を聞いていた。たこ焼き模擬店を企画した3年D組は、どういうわけだか関西人が多くて、尋常《じんじょう》でなくおいしい。

「でも、残念ながらそういう場合だけではないんですね。宅配ピザのチラシを配るために、団地の共用部分に立ち入ることが『住居に侵入』に該当《がいとう》するかどうか、とか、『今、この壺《つぼ》買わないと、あなたの来世はないよ』と言って契約を迫ることが『詐欺《さぎ》』なのか『強迫《きょうはく》』なのか、とか、条文と事案を見比べるだけではなんとも結論の出しようがない場合っていうのも多いんですね。これが、『法解釈が必要な場合』ですね」

「えっ、でも法律って、明確で決まりきったものじゃないと困ると思うんですけど」

藤枝君らしい質問だ。前にも言ったけど、彼は法学部志望で、規範を尊重するタイプだ。

「ははは。おっしゃる通りですね。法律は明確に作らなきゃいけないとされていますし、実際、たいていの場合は法解釈は不要で、法律の文章を見れば結論が出てきます。

でも、法律を作るときに、社会に起こり得る事件を想定し尽くすのは、不可能ですからね。そんなわけで、法解釈が必要な場合が生じるんですけど、これは大きく分けて二つに分けられますね。まず、第一は、法律の文章が比較的抽象的で、それについていろいろな意味を付与できる場合ですね。例えば、えーと、どんな例がいいでしょうね？」

キヨミズ准教授が困っていたので、ワタベ先生は、二個目のたこ焼きを飲み込んで、また助け舟を出した。

「そういう場合の例には、民法第1条を挙げるのが普通でしょう」

ワタベ先生は、鞄から『六法』を出して、僕たちに見せてくれた。

民法第1条

第1項 私権《しけん》は、公共の福祉に適合《てきごう》しなければならない。

第2項 権利の行使及び義務の履行は、信義《しんぎ》に従い誠実に行わなければならない。

第3項　権利の濫用《らんよう》は、これを許さない。

「これまた、ずいぶん大雑把《おおざっぱ》な条文ねー」

岩渕さんが呆《あき》れた声を上げた。

「ははは。そうですね。例えば、この第2項は『信義・誠実の原則』、略して『信義則《しんぎそく》』の条文だと言われまして、健全な社会人に当然要求される義務は、たとえ契約書に載っていなくても、当然に守られなければならない、っていう原則です。眺望《ちょうぼう》が売りのマンションを売るとき、近々、新しくビルができて風景が見えなくなるということを、不動産業者が買い主に十分に説明しなかったなんて場合に適用されます。『信義則』違反の場合、契約が無効になったりとか、賠償義務が発生したりとかしますね」

「健全な社会人の当然の義務と言われても、人によって、常識はズレますよね。こんな不明確な条文があると困ると思うんですけど」

藤枝君が言った。誰だ、こんな頭の固い奴を文化祭実行委員長にしたのは。

「民法の世界ってのは、びっくりするくらい性格の悪い奴がいるからね。そういう目に余る奴が出てきたときのために、こういう条文をあらかじめ用意しとくんだよ。この条項が使われるのはよっぽどひどいときだけだから、まあ、曖昧《あいまい》でも仕方ない、と大目に見てあげる人が多いかな」

ワタべ先生の口調は、キヨミズ准教授に対する態度と違って、なんとなく優しい。

「びっくりするくらい性格が悪いって、どんな人なんですか?」

藤枝君が聞いた。

「例えば、そうだな。昔、ある温泉街でね、Aさんの土地の地下に温泉宿が共同で利用している温泉引湯管《いんとうかん》が通っていたんだ。Aさんは、管《くだ》を設置した温泉業者さんに、高額の賃料を払え、さもなくば撤去しろ、って要求した。こんな要求、認めるわけにいかないでしょ」

「え、でも人の土地に許可なく管を通しちゃだめですよね?」

藤枝君らしいセリフだ。

「それはそうなんだけど、管を撤去すると、莫大《ばくだい》な費用がかかる上に、温泉街に温泉が引けなくなってしまう状況だったんだよ。おまけに、Aさんには管が通っていてもなんの不利益もなかった。温泉街を人質《ひとじち》に、高額の賃料を請求するなんて、あまりにも性格悪くない？」

「確かにそうですね」

僕は素直に感想を言った。

「そんなわけで、裁判所は、権利の濫用は許されないとして、Aさんの請求を退《しりぞ》けたんだ」

「ははは。民法の判例集を見ると、世の中にはここまで性格の悪い人がいるか、と驚かされますね。判例理論として確立した権利濫用は、戦後に法文化されました。適用される事案が限られていれば内容を明確にできますが、民法第1条のように適用される事案がものすごく多種多様な条文もあるんですね。そういう条文を適用する場合には、ほぼ必ず解釈が必要になりますね。今回の文化祭実行委員会規約の第8条なんかは、まさにそういう条文ですね。『人格的権利』という非常に大雑把な権利が書いてありますからね」

とキヨミズ准教授。

「じゃあ、もう一つの場合って、どんな場合ですか」

村山さんが聞いた。

「もう一つの法解釈が必要な場合というのは、条文見ると答えは明確なんですけど、その答えがどーもおかしい、と感じられるような場合ですね。そうですねえ。さっき挙げた例ですと、ビラ配りの事例ですかね。刑法第130条の住居等侵入罪の条文を見てみましょう」

刑法第130条

(住居等侵入)

正当な理由がないのに、人の住居若《も》しくは人の看守《かんしゅ》する邸宅、建造物若しくは艦船《かんせん》に侵入し、又は要求を受けたにもかかわらずこれらの場所から退去しなかった者は、三年以下の懲役又は十万円以下の罰金に処する。

「たぶん、私が住んでいる団地の郵便受けにピザ屋さんがビラ配るとき、わざわざ管理人さんの許可はとらないですね。でも、管理人さんの許可なしに、団地の敷地に立ち入ったら、条文を読む限り、『住居』又は『邸宅』への侵入ってことになってしまうんですね」

藤枝君がビクッとして、聞いた。

「あの、僕、この高校のご近所さんに『文化祭のお知らせ』のチラシを配っちゃったんですけど……」

「ははは。それは条文をそのまま適用すると有罪ですね。でも、それって常識に反するでしょう。だから、条文にはこう書いてあるけど、この意味はこうじゃないか、って法解釈するわけですね。『派手なシャツ』を禁止する文化祭規約の第9条なんかは、そういう対応が必要かもしれないですね」

「あのう、二つの場合があるのは分かったんですけど、『法解釈』って、具体的にどういう作業なんですか」

村山さんの質問は、端的に核心《かくしん》を突いてくる。

「『法解釈』というのは、法源から法規範を導く作業。まあ、簡単に言うなら、そのままでは意味が分からない法文を、別の言葉に置き換えて明確に理解できるようにする作業ですね。例えば、私が藤枝君の弁護士なら、刑法第130条の『侵入』とは、『管理者の明示《めいじ》又は黙示《もくじ》の意思に反する立ち入り』のことだと解釈をしてやって、『管理人は、ビラ配りに文句を言ってこなかったんだから、ビラ配りを黙示的には許可していた』みたいな事実を主張して、無罪を導くわけですね」

また、パネルが出てきた。

キヨミズパネル2 法解釈とは？

法解釈 ＝ 法律の文書（法源）から法規範を導く作業 ＝ 法律の文書を別の言葉に置き換える作業

例

刑法第130条「人の住居若しくは人の看守する邸宅……に侵入」

↓ **「侵入」とは「管理者の明示又は黙示の意思に反する立ち入り」を言う**

「こういう作業をやると、抽象的な条文を事案に適用しやすくなりますし、おかしな帰結が出てこないようにコントロールできるわけですね。

そして、法解釈によって導かれたルールは、他の事案にも適用されます。例えば、藤枝君に適用した解釈は、ピザ屋さんや私がビラを配ったりする場合にも適用されるということですね。ですから、法解釈は、その事案で妥当な解決を導くことだけじゃなくて、他の事案も適切に解決できるように行う必要がありますね。このことを、法解釈の『射程《しゃてい》』を意識する、って言います」

訴訟的なやり方で議論を整理してみると……

「あのさぁ、法解釈の説明はそれくらいにしようよ。いま大事なのはウォーリーでしょ。2年I組の人たちは、すごく困っているんだから」

ワタベ先生が、ものすごい正論を言い出した。うちのクラスの命運は、僕たち三人にかかっていたんだ。

「いけない、いけない。そうでしたね。じゃあ、まず、争点を整理しましょう。ええと、第一に必要なのは、請求内容の確認ですね。2年I組は、何を求めているんですか」

「それは、実行委員会は、うちのクラスの企画を邪魔するなってことですよ。さっきの企画中止命令、さっさと撤回してほしいです」

岩渕さんが言った。バレー部のエースとして、クラスの中心人物として、責任感にあふれた発言だ。彼女が組長になればいいと思うんだけど、岩渕さんに言わせれば「委員を決める当日に病気で休むような頼りない人が組長をやっていた方が、クラスがまとまる」らしい。

「はいはい。クリアにまとまっていて、とてもうれしいです。請求内容をクリアにすることは、簡単なようで、できない方も多いですね。よく『交渉』って言いながら、延々《えんえん》、腹の立つ事実並べ立てたり、お説教したりする人がいるんですけど、そういうのはただの口論ですね」キヨミズ准教授は、心底うれしそうだ。

「じゃあ、次は、事実の確認ですね。2年I組が『ウォーリーを探せ』の企画で、教室にたくさん人が写った写真パネルを展示した。あと、中庭にウォーリーの格好をした人を歩かせていた。

文化祭実行委員会は、写真パネルの展示が文化祭規約の8条に違反していて、リアル・ウォーリーを歩かせたことが9条に反するとして、企画中止命令を出した。これでいいですね？」

「ええ、そんなことより、早く規約の8条と9条の話をしましょうよ」

岩渕さんが、言った。

「ははは。焦《あせ》る気持ちはよく分かるんですが、まずは請求内容を画定《かくてい》して、事実を認定して、ルールをあてはめる、っていう手順が大切なんですよ」

「まるで、民事訴訟だね」

ワタベ先生が、呆れたようにつぶやいた。

「民事訴訟というのはですね、意見が対立する二人を結びつけ、双方が納得する解決策を導くための、極めて合理的な手続なんですね。ですから、それにあてはめて議論した方が、今回の話もまとまるんじゃないかと思うんですね」

キヨミズ准教授が悪びれずに言った。

「それは、そうだね」

ワタベ先生は、否定するかと思ったけど、この点については合意したようだ。法律家って、そんなものらしい。

「それで、2年I組としては、企画が規約8条にも9条にも違反していないと主張したいわけですね」

キヨミズ准教授は、主張を確認すると、パネルを取り出して、「例」のところに今回の事案を書き込んだ。

キヨミズパネル3

訴訟的な議論の進め方

第一段階	原告の請求内容の画定	例「企画中止命令を取り消せ」
第二段階	事実の画定	例「ウォーリーを探せ」をしていたら中止命令が来た
第三段階	事実のルールへのあてはめ	例「ウォーリーを探せ」は8条・9条に違反しない

「こうやって整理しておくと、お互いに、第二段階の事実のレベルで対立しているのか、第三段階の法律上の主張、つまりルール理解のところで対立しているのか、よく分かるでしょう。これが、訴訟という手続の良いところです。では、今度は被告行政庁の話を聞きましょう」

「ヒコクギョウセイチョウ？　なんで蝶々《ちょうちょう》の話が出てくるんですか」

藤枝君は、あまりにも聞きなれない単語にびっくりしたみたいだ。

「被告になっている行政機関くらいの意味だよ。今回の事案はね、命令を受けた国民が、命令を出した行政機関に対して取消を求める訴訟に似てるでしょ。こういうタイプの訴訟を、『取消訴訟』って言うんだけど、その被告のことを被告行政庁って言うんだよ」

「ははは。ワタベ先生、行政法もお得意ですね」

キヨミズ准教授が言った。

「特許法なんて、半分は行政訴訟法だからね。それはともかく、いきなりわけの分からない言葉使わないでよ。みんな困ってるでしょ」

ワタベ先生は、大人だ。

自然法論と法実証主義のラリー

「じゃあ、今度は被告側ですね。ええと、藤枝実行委員長は、このウォーリーの赤縞シャツが規約9条の『派手なシャツ』に該当すると、こうおっしゃるわけですね」

「はい、そうです。赤に白ですから、これが派手じゃなければ、何が派手か、っていうくらい派手です」

「あのさ、これ確かに派手かもしれないけど、これを着て何がいけないわけ!?」

岩渕さんは正面突破を図《はか》った。

「何がいけないと言っているわけじゃないんです。派手なのは、認めるんですよね。だったら9条に反しているから、やめてくれって言っているんです」

藤枝君は答えた。

「こんなおかしなルールはルールじゃない!」

岩渕さんは、こぶしを振り上げて机をバンと叩いた。迫力満点だ。

「ははは。これは、自然法論というやつですね」

キヨミズ准教授が呑気《のんき》につぶやいた。

「なんですか、自然法論って?」

僕は、思わず聞いてしまった。

「えーっと、ちゃんと手続踏んで制定された法のことを、『実定法』と言います。現在の日本だと、日本国憲法とか民法とか会社法などですね」

「ああ、それはこの前、講義のときに説明して下さいましたね」

村山さんが、二人の出前講義を思い出して指摘した。

「ははは。覚えていて下さってうれしいですね。その実定法の内容が、正義とか常識に合っていればいいんですけど、そうでない場合もありますね。そういう正義や常識を『自然法』と言いますが、自然法に反する法律は無効だ、と考える立場の人がいるんです。例えば、人種差別を含む法律は自然法違反で無効だから、たとえ法律で白人専用列車とされていても、その電車に黒人が乗っていいいんだ、みたいな主張です。これが『自然法論』ですね」

「確かに、人種差別は悪いことですけど、そんなこと言ったら、社会が成り立ちませんよ。この文化祭規約だって、『おかしいから無効だ』って言うのは簡単ですけど、そんなこと認めたら、どんどん自分勝手が認められてしまいます。『他のクラスの企画の妨害《ぼうがい》はしてはいけない』という4条、『ゴミはしっかり分別しましょう』って定めた15条も無効だなんて言い出したら、大変なことになるでしょう」

藤枝君が言うのも、もっともだ。

「ははは。藤枝さんは、大した法実証主義者ですねえ」

キヨミズ准教授が言った。

「だから、いきなり法実証主義者って言っても分からないよ。『法実証主義者』っていうのは、自然法なんてものを認めずに、実定法こそが法なんだから、内容についてガタガタ言わずに従え、っていう立場のことだよ。法実証主義者は、『自然法』とそうでないものの基準が人によって全然違うから、自然法なんてもん認めると、社会秩序がぐちゃぐちゃになって、とんでもないことになる、って言うんだ」

ワタベ先生が解説した。

「派手なシャツ」の概念と目的論的解釈

「うーん、そもそも、なんでこんなルールがあるんだろうなあ？」僕は、素朴《そぼく》な疑問をつぶやいた。

「なるほど。それは大事ですね。どのような目的や趣旨で、その法ができたかを画定する作業は、法解釈の基本中の基本ですね」キヨミズ准教授が言った。

「えーと、いつだったかな」

藤枝君は、実行委員室のキャビネットをあさって、『規約改定記録』と題されたファイルを出してきた。

「ああ、ありました。今から30年前の生徒総会で挿入《そうにゅう》された条文ですね。当時、一部のいわゆる『不良生徒』が、サングラスをかけて、龍の刺繍《ししゅう》なんかが入ったシャツを着て、周囲を威嚇するというようなことがあったそうです」

僕たちは、たこ焼きを食べながら、しばし沈黙して考えた。9条の文言《もんごん》が重くのしかかる。

文化祭規約第9条

1 文化祭の参加者は、青春の輝きと若者のひたむきな気持ちを基調とする文化祭実現を誠実に希求し、若さゆえの過ちたる殴り合いと、グラサンによる威嚇又は派手なシャツの利用は、文化祭参加団体間の紛争を解決する手段としては、永久にこれを放棄する。

2 前項の目的を達するため、メリケンサック・グラサン・派手なシャツは、これを利用してはならない。文化祭参加者の派手なシャツ着用権は、これを認めない。

「あのう、ちょっと思ったんですけど、私たちはべつに、『文化祭参加団体間の紛争を解決する』ために、赤縞シャツを着ているわけではないですよね」

9条を読み直していた村山さんが、口を開いた。

「そうですね。実行委員としては、第1項に違反すると言っているわけじゃありません。2項で、派手なシャツの『利用』と『着用権』が否定されてるんです」

藤枝君が言った。

「ええ。でも、その第2項って、第1項の『目的を達するため』にあるわけですよね。だとしたら、第2項の『派手なシャツ』も、他の団体を威嚇したり、紛争を解決するのに使えたりするような、そういうシャツのことを言っている、って理解すべきじゃないかしら」

なるほど。さすが村山参謀だ。

「えっ?!」

藤枝君は、思わぬところから球が飛んできたのか、固まってしまった。

「うーんとさ、今の話は説得的だと思うんだけど、じゃあ『派手なシャツ』って、どういう意味だと思うの?」

ワタベ先生が言った。ふーむ。これが法解釈ってやつか。

「そうですねえ……」

村山さんは、しばし考え、口を開いた。

「『周囲に威圧的な印象を与える程度の著《いちじる》しい色彩や図柄が用いられたシャツ』ってことになるのかしら。文化祭の企画をやるための必要最小限度の華美《かび》さは、『派手』に当たらないと思います」

なんだか、難しい言葉を並べるなあ。

「すごーい。ムラッチ、やるねえ」

岩渕さんが感心するとともに、机の下で僕の足をけった。空気を支配しろ、という指示だ。

「じゃあ、とりあえず9条は問題なしってことみたいですね」

僕はつぶやいてみた。流れが一つの方向に向かいかけているときに、傍観者《ぼうかんしゃ》の空気を出している僕みたいな人がひと言入れるのは、話をまとめるのに有意義《ゆういぎ》らしい。岩渕さんは、こんな風に僕を利用してクラスの空気を支配するのが得意技だ。

「ははは。それはよかったですね。今の村山さんの解釈は、目的論的解釈と言って、基本的な法解釈手法の一つなんですね。そういう条文を置く目的を確認して、その目的を達成するにはどうしたらいいか、という観点から、条文を解釈する手法ですね」

キヨミズ准教授が、パネルを出して、話をまとめた。

キヨミズパネル4 目的論的解釈＝法解釈の基本中の基本手法

作業	具体例
・条文の目的を画定する	文化祭規約9条は喧嘩《けんか》防止を目的とする
・その目的を達成するためにもっとも適切な言葉を探し、	『派手なシャツ』（条文の文言）

条文の言葉と置き換える

『周囲に威圧的な印象を与える程度の著しい色彩や図柄が用いられたシャツ』
⇦

「人格的権利」の概念と視点をずらした説明

藤枝君は、時々石頭だけど、バカではない。9条戦線は放棄せざるを得ないと悟《さと》ったのか、ジュースを飲んで、深呼吸をしてから言った。
「確かに赤縞のシャツは問題ないということになりそうですね。でも、パネルは8条に反するので撤去してもらいます」

文化祭規約第8条

人格的権利は、何人に対してもこれを保障する。いかなる文化祭参加団体も、人格的権利を侵害する催しや企画をしてはならない。


キヨミズ准教授が、条文を見ながら言った。

「じゃあ例によって、立法の趣旨を確認しましょう。これは、何を目的として制定されたんですかね」

「えーと、この規定は、10年ほど前の改定で挿入されたみたいですが、当時の2年I組が、生徒の写真を隠し撮りして、パネルを展示する企画をやったんです。確か、『勝手にミスター&ミスコンテスト』っていう企画で、お客さんに、『一番の美男と美女』を投票してもらって、勝手に1位を決めちゃおうとしたらしいんです」

藤枝君が答えた。

「それはまた、ずいぶん勝手な企画だなあ」

ワタベ先生が不機嫌そうに言った。先生は、すごく性格が悪そうに見えるけど、正義感は強いようだ。

「そうなんですよ。それで、当時の実行委員長が弁護士の息子だったらしくて、そういうことを禁止するのにどんな条文つくったらいいか、親に相談したらしいんです。『人格的権利』の中には、プライバシー権とか勝手に顔や風貌《ふうぼう》を写真にとられない権利、つまり、肖像権ですよね、とかが含まれるから、そう書いておけば、そういう不埒《ふらち》な企画は禁止できる、とアドバイスを受けて、第8条ができたということです」

「ふーむ。そうなると、ここに言う『人格的権利』って言葉に、『肖像権』が含まれるのは明白ですね」

キヨミズ准教授は、さりげなく目的論的解釈をした。

「弁護士さんの提案か。そうなると、われわれも法律家として、実行委員会の方を援助してみようか」

ワタベ先生が、無表情につぶやいた。えっ、本気？

「ははは。そうですね。じゃあ、ちょっとそっちの立場で考えてみましょう」

キヨミズ准教授まで……。形勢はかなり悪そうだったが、岩渕さんが、またも果敢《かかん》に正面突破を図った。

「その企画がダメなのは分かるけど、私たちの企画とは全然違うでしょ！」

しかし、藤枝君も譲《ゆず》らない。

「でも、パネルの写真をとるとき、写真に写っている人の許可をとっていないでしょ」

「それはそうよ。広島ファン全員の同意なんかとりようがないじゃない。でも、私たちの企画は、『勝手にミスター&ミスコンテスト』みたいに人を不愉快にする企画じゃない！」

「なんで、そう思うの？」

ここで突然、ワタベ先生が口を開いた。

「えっ、それはその、ほら、勝手に容姿にランキングなんかつけて欲しくないじゃないですか！」

「でも、男の子たちが、クラスでどの子が一番可愛いかを話し合ったりするのって、珍しくないですよね？」

キヨミズ准教授も、僕たちを攻めてくる。村山さんは、眉間《みけん》にしわを寄せて黙っている。かなり劣勢だと思っている感じだ。

「確かにそうだけど、勝手に写真をとるなんて気持ち悪いでしょ！　私の美しさに惚《ほ》れるのは勝手だけど、ランキングみたいなことのために写真をとっていいかどうかは別よ」

なんだか、写真をとっちゃいけない方向に話が流れているじゃないか。これはまずい。

「そうですよね。ですから、ウォーリーの写真パネルに写り込んでしまっている人たちも、そう思っているんじゃないですか？」

キヨミズ准教授が、目だけ笑いながら質問をした。目だけは笑っていない笑顔というのはあるが、目だけ笑った顔というのはなかなかない。

「いや、えっと、そうじゃないでしょ！　だって、街歩いていて、記念撮影している人なんかいくらでもいるでしょ。そういう記念写真に写り込んじゃうことを怖がってたら、街なんか歩けないわよ！」

岩渕さんは、孤軍奮闘《こぐんふんとう》だ。でも言っていることは一理《いちり》ありそうだ。

「でも、同意なしにとった写真は、だめでしょ。『人格的権利を侵害』の『侵害』って、同意もなしにやる、ってことでしょ」

ワタベ先生が、性格悪そうに言った。同意という単語を条文に結び付けて、攻めを続ける。これが法解釈か。僕は感心している場合じゃないのに、感心してしまった。

「だから、街を歩くとき、写真に写ることくらい覚悟して歩いているはずだって言っているのよ！　だって、みんなが歩く道でしょ。横浜スタジアムのレフトスタンドだって、何人の人が記念撮影しているかわかんないし、選手をとった写真やテレビの映像にだって人が写り込むでしょ！」

これを聞いて、村山さんは何かがひらめいたようだ。

「あ、そうね。私たちの写真パネルは、どれも街の中で普通に歩いている人の姿が写っているだけだから、えーと、明確に同意というわけではないですけど、消極的には認めているというか、えーと、消極的な意味では同意のある写真と言っていいと思います」

村山さんが、整然と指摘した。

「ああ、なるほど」

キヨミズ准教授は、感心してつぶやく。ここで、岩渕さんが、また僕の足をけった。痛い。

「そうですよ。ですから、パネルは、同意に基づくもので、肖像権の『侵害』ではないっていう理解も、十分成り立つんじゃないですか」

「うーんと、それは法律家が『黙示の同意』とかって言うロジックだね。さっきのビラ配りでも出てきたけど」

ワタベ先生が言った。どうやら、ちゃんとしたロジックがあるらしい。

「そうです。私たちが公《おおやけ》の場所に行くときは、人の記念撮影に写り込んでしまうことくらい同意しています。ただ、自分の写り込んだ写真を、『勝手にミスター&ミスコンテスト』のように、個人を特定して、遊びに使うような形で利用されることには同意をしているとは言えないはずです。そこが、昔の2年I組と、私たちの違いです」

村山さんがピシッとしめた。

「ははは。我々やっちゃいました。藤枝委員長の味方をするつもりが、かえって、2年I組に有利な方向に追い込んでしまったかもしれませんね」

キヨミズ准教授がこう言うと、実行委員会本部の空気は、一気に、2年I組問題なし、というものに変わった。そして、キヨミズ准教授は、持っていたパンフレットの裏に図を描いた。

キヨミズパネル5 解釈を前提に、事実から未発見の要素を読み取る

・法解釈

「人格的権利の侵害」→「同意なしの肖像の展示」を含む

・事実の理解

公の場所にいる場合には、記念撮影等に写り込むことに同意がある

「今のは、条文の言葉を『同意なしの肖像の展示』に置き換えた上で、条文に事案をあてはめるとき、ええ、専門用語で言うなら、『事実を法に包摂《ほうせつ》する』ときに、黙示の同意という、一見しただけでは見つからない要素を認定してやるという技術ですね。同じ事案でも、工夫次第で様々な要素を読み取ることができるということは、覚えておいて損はないですね」

ここで藤枝君は最後の抵抗を示した。

「でも、解釈というのもやりすぎると、なんのために規約を作るのか分からなくなってしまう気がするんですが……」

「ははは。それはおっしゃる通りです。あくまで解釈というのは、その規約の文章の理解として自然と言える範囲に収まっていなくてはいけませんね。ご安心ください」

「なるほど。安心しました」

解釈が自然かどうかで、さらに争いになっては困るので、僕は最後のひと言を言った。

「何はともあれ、今回の2年I組の企画は、規約上問題なしということで良さそうですね」

こう言うと、藤枝君も、うなずいてくれた。

*

そんなわけで、藤枝君は、企画中止命令を取り消してくれた。その後、僕たちは急いで部屋に戻り、ウォーリーになって中庭をうろついたり、教室にやってくるお客さんの相手をしたりして、大わらわだった。

企画中止でバタバタしたから、お昼を食べる時間がなかったけど、ワタベ先生がごちそうしてくれたたこ焼きでおなかは膨《ふく》れていたし、おやつどきには、藤枝君が「お詫《わ》び」として3年A組模擬店のドーナツを持ってきてくれた。

夕方の遅い時間には、キヨミズ准教授とワタベ先生が部屋に来て、パネルを見てくれた。ワタベ先生は、全部のパネルのウォーリーを見つけるのに10分、キヨミズ准教授は30分かかった。二人とも、楽しそうだった。もしかしたら、二人はパネルで遊びたくて、わざと藤枝君に不利になるような尋問《じんもん》をしたのかもしれない。

こんな風にして、僕たち2年I組の文化祭は終わった。

法解釈とは何か？

・法文の適用対象がとても広い
（抽象的）

・法文をそのまま適用すると、
あまりにも不都合

→「法文」を「別の言葉」に置き換える
＝これが"解釈"という作業

例「派手なシャツ」
→「周囲に威圧感を与える
解釈
極彩色のシャツ」

重要！ ＊法文をそのまま適用するだけが、
法律家の仕事ではない！

Chapter 5
サマーナイトオープンキャンパスで法学教育を語る

文化祭が終わり、ほどなくして夏休みに入った。予備校の夏季講習に通うクラスメイトもたくさんいたけど、僕は気楽に過ごしていた。午前中は、市立中央図書館の自習室で、夏休みの宿題を1時間やる。うちの高校の夏休みの宿題はものすごく少ないから、このペースで甲子園の決勝までには終わる。

宿題のあとは、Douglas Adams『The Hitchhiker's Guide to the Galaxy』を原著で読む。中学時代、この本の訳書『銀河ヒッチハイク・ガイド』(河出文庫)を愛読していた。どんな大学に行くにしろ、英語の勉強だけはやっておいた方が良いし、リーディングの勉強なら好きな本を読むのが一番だ。

お昼になると自習室を出て、図書館の売店でおにぎりを買ったり、お財布に余裕があれば赤ひげ小人に寄ったり。そのあと、県立図書館に移動して、興味のある本を読み漁《あさ》る。

僕の夏休みは、だいたいこんな感じだった。

それは、夕方になると現れる

8月に入ったばかりのその日も、僕はいつものように市立中央図書館の自習室でヒッチハイク・ガイドを読んでいた。そして、ヴォゴン人が、アーサーとフォードに自作のポエムを聞かせて拷問《ごうもん》するのを見届けてから、赤ひげ小人に向かう。店内に見知った人がいた。岩渕さんと村山さんだ。二人は、サンドイッチセットとパスタセットを一つずつ注文して、取り分けていた。

「あれ？　組長じゃん。なんでこんなところにいるの？」

岩渕さんが言った。

「ランチ食べに来たんだよ。そっちこそ、何しているの？」

「フフフ。まあ聞きなよ」

岩渕さんがそう言うので、僕は隣のテーブルについて、サンドイッチセットを注文した。

「今、作戦会議中なの。キタムラ君は、この近くに出るUFOの話って知ってる？」

村山さんが言った。見当もつかず戸惑っていると、岩渕さんが詳しく教えてくれた。

「ここからもう少し行くと港湾大学のキャンパスがあるでしょ。バレー部の後輩が、その近くに住んでいるんだけど、部活で遅くなった帰りに、大学の正門周辺で、低空をフラフラ動くUFOを見たらしいんだよね。しかも、一回だけじゃなくて、夏休みに入ってから何回もだって言うのよ。ちょっと、気味が悪いでしょ。それで、私たちが立ち上がったわけ。可愛い後輩、ほっておけないじゃない」

岩渕さんは、責任感が強い。

「それで、今、この本読みながら予習してるの」

そう言うと村山さんは、原田実《みのる》『オカルト「超」入門』（星海社新書）を取り出した。その本なら僕も読んだ。恰好《かっこう》の入門書だ。

ランチを食べ終えると、岩渕さんが、「そうだ！　組長も連れていってあげるよ。7時に港湾大学の正門で待ち合わせね」と有無《うむ》を言わさぬ口調で言った。

火の玉問題は美化委員会の管轄《かんかつ》である

待ち合わせ時間になったので、港湾大学の正門に行った。あたりはだいぶ暗くなってきたけど、岩渕さんも村山さんもやってこない。UFOが出るという場所に一人でいるのは、あまり気持ちの良いものではない。

そのとき、急に強い光が僕の顔を照らし、目がくらんだ。光の中から声がする。「あれ、こんなところに、キタムラさんですね」その呑気《のんき》な口調がかえって不気味だ。僕はSFもUFOも好きだけど、宇宙人に誘拐されるのは勘弁《かんべん》して欲しい……。

そう思っていると、こんな会話が聞こえた。

「あのさあ、キヨミズさん、懐中電灯を顔に向けたらまぶしいでしょ。早くスイッチ切って」

ワタベ先生の声だ。

「あ、はいはい。すみません」

キヨミズ准教授は、こう言うと、懐中電灯のスイッチを切った。僕はようやく落ち着いて、二人を見た。かなり強力そうな懐中電灯を持っている。

「びっくりしたじゃないですか！　ＵＦＯというのは、お二人の懐中電灯だったんですね」

「えっ？　何を言っているんですか？」

キヨミズ准教授がこう言ったところに、岩渕さんと村山さんがやってきた。

「ごめん。ちょっと遅れちゃった。あれ？　キヨミズ先生とワタベ先生じゃないですか⁉」

岩渕さんは驚いた。そして、二人が懐中電灯を持っているのに気付いた村山さんが、つぶやく。

「あれ、そういえば、お二人とも港湾大学の先生なんですよね。もしかして、ＵＦＯの正体は、その懐中電灯……」

僕と同じ推理だ。

「いや、だから、UFOってなんのこと?」ワタベ先生は、怪訝《けげん》な顔をした。

「ははは。何かを勘違いされたようですね。われわれは、今、うちの大学で話題になっている火の玉の正体を調査しているんですね」

キヨミズ准教授は、意外な発言をした。

「火の玉ってどういうことですか?」

僕が聞くと、ワタベ先生が説明してくれた。7月中旬くらいから、法学部棟《とう》と法科大学院棟を中心に火の玉が目撃されるようになった。学長は、大学の沽券《こけん》にかかわる事態だとして、関係各方面に対策を指示した。いくつかの委員会の間で責任のなすりつけ合いがあって、結局、「景観を乱すゴミの一種」ということで、対応は美化委員会に一任された。美化委員会内部では、「目撃証言が集中しているのは法学部棟のまわりだから、法学部委員が対処すべきだ」という意見が大勢《たいせい》を占めた。

「それで、法学部の美化委員会のメンバーであるわれわれが、夜回りすることになったんですね」

キヨミズ准教授が言った。その火の玉の話は、岩渕さんの聞いたUFOの話とそっくりだ。そこで、岩渕さんは、僕たちの事情を打ち明けた。

「なるほど。じゃあ、一緒に校内を見て回りましょう。せっかくですし、法学部棟と法科大学院棟をご案内いたしますよ。サマーナイトオープンキャンパスですね」

キヨミズ准教授はうさんくさい英語のタイトルを掲《かか》げ、僕たちは、一緒にＵＦＯ＝火の玉を探すことになった。

法学部って、朝から晩まで条文を暗記してるんでしょ？

まず、法学部棟から調べることになった。正門を入ってすぐの大きな建物だ。法学部棟はすでに閉まっていたから、ワタベ先生が守衛室から預かった鍵で入口を開け、不審な光を見逃さないように室内の照明は消したまま、懐中電灯で照らしながら中を歩く。肝試《きもだめ》しみたいだ。

ロビーを抜けると、ひな壇《だん》状になった大きな教室につながっていた。

僕たちは、後ろの方から教室に入った。

「ここは、１２０番教室といって、うちでいちばん大きな教室ですね。一学年の学生、

500人がまるまる入ります。憲法とか、民法とか、法学入門とか、そういう必修科目で使いますね」

キヨミズ准教授が紹介してくれた。

「あのう、法学入門って、確か受講生がゼロ名なんですよね。もしかして、この教室なんですか？」

岩渕さんが聞いた。すると、ワタベ先生が吹き出した。

「くくっ。そうなんだよね。こんな広い教室で、生徒が来るの一人で待ってるのって、どんな気分？」

「ははは。ノンビリしていいもんです」

キヨミズ准教授は平然と答えた。

「でも、500人も受講生がいると、受講生同士仲良くなれるんですか？」

村山さんが言った。

「そうですね。確かに、友達を作るのは難しくて、昔から『法学部砂漠』なんて言ったりしますね。ですから、私が学生だったころ、民法の先生が、こんなお説教してましたね。『先週休んだのですけど、どんな話をしたんですか？　と質問に来る学生が、たまにいます。でも、休んだら、友達にノートを見せてもらいなさい。もし、友達がいないのだったら、前回の講義内容なんかよりはるかに大きな問題だから、まず友達づくりからなんとかしなさい』って」

法学部生の生活も、何かと大変そうだ。

「あのう、法学部って、どんなことを勉強するんですか？」

村山さんが聞いた。彼女は、文化祭規約の解釈で大活躍をしたのがきっかけで、法律家という進路に興味を持ったようだ。

「この前、出張講義をしたときに、法学部の科目には実定法学と基礎法学がある、という話をしたよね。実定法科目では、憲法や民法、民事訴訟法などの日本の法律の内容を勉強する。基礎法科目では、法哲学やら英米法やらを勉強する。そんな感じだね」

ワタベ先生が答えた。

「実定法の科目って、条文全部暗記しなきゃいけないんですよね？　この前、本屋さんで『六法全書』っていうの見たんですけど、電話帳と百科事典あわせたくらい分厚くて、中身もものすごく難しくて、とても覚えきれるかどうか……」

村山さんが不安そうに言った。

「ははは。それは杞憂《きゆう》というものですね」

キヨミズ准教授が答える。

「そもそも法学部の試験って、六法持ちこんで受験するんですよ。司法試験も六法貸してくれるんですね」

「キヨミズさんなんて、基礎法の学者だから、ほとんど六法見ないでしょ？　この一年で、何回見た？」

ワタベ先生が、無表情につっこんだ。

「そうですね、去年はアパートの賃貸契約の更新があったんで、借地《しゃくち》借家《しゃっか》法を一回参照しましたね」

仕事のためには一回も見なかったということだ。

「でも、条文を覚えるんじゃないんだったら、講義では何を勉強するんですか？」

村山さんが聞いた。

「もちろん、条文の内容を理解できるように解説するよ。でも、実定法の授業で中心になるのは、やっぱり判例と学説だね」

ワタベ先生が答えた。

しゃべっているうちに教壇についた。僕たちは、学生の席のほうを見上げ、何もないことを確認すると、入口に向かってひな壇を戻る。

実は、法解釈にはいろいろ意見があるんです

大教室を出て、僕たちは2階に上がった。120番教室ほどじゃないけど、結構、大きな教室が並んでいる。僕たちは220番教室に入った。ここは100人分の席がある平《たい》らな教室で、ワタベ先生の本職の知的財産法の講義が行われる教室だという。ここにも、火の玉もUFOもいない。

「あのう、さっき言っていた判例と学説って、何なんですか？」

岩渕さんの質問に、キヨミズ准教授が答える。

「判例というのは、裁判所が裁判で示した解釈のこと。学説というのは、学者が自分の知識や価値観に基づいて示した解釈のことですね。学説は、それ自体に強制力はないですけど、裁判官や行政官僚《かんりょう》への提案としての機能がありますね」

「なんで、そんなことを勉強するんですか？」

岩渕さんの質問が続く。

「ええと、文化祭のときにお話ししましたけど、法律の文書をそのまま事案にあてはめて結論を出す、ということができない場合も多いんですね。そういうときに、法律の文書を別の言葉に置き換えるのが法解釈でした。例えば、『派手なシャツ』を、『日常生活において着用することのない威圧的な柄《がら》ないし色彩のシャツ』みたいな言葉に置き換える作業ですね」

「はい。それは、この前伺《うかが》いました」

「実は同じ条文の解釈でも、意見が分かれることが多いんです。そもそも、条文の目的をどう理解するか、というところから意見対立があるので、それに応じて解釈も対立するんですね」

「えー、そんなの困るじゃないですか!」

岩渕さんは、素直に言った。

「ははは」

苦笑しながら、キヨミズ准教授が答えた。

「いや、そうなんですね。ですから、日本には、国の機関であれ、一般の人であれ、日本で活動する限り裁判所の示した解釈に従わなくてはならない、というルールがありますね」

「公民で、立法・行政・司法の三権分立って習ったでしょ。立法は法律を作る権力、行政はそれを執行《しっこう》する権力。司法というのは法律の解釈に争いがある場合に、解釈を確定する権力のことを言うんだよ。日本国憲法は、司法権を裁判所に配分してるから、今、キヨミズさんが言ったようなことになるわけ」

ワタベ先生が補足した。

ここで、キヨミズ准教授は、鞄《かばん》からパネルを出して、整理してくれた。

キヨミズパネル1

法解釈と裁判所の権限

法律の文章　↓　解釈はいろいろ意見が分かれる

例「住居侵入」

他人の所有する建造物への無許可立入

他人が住宅として利用している建造物への無許可立入

他人が住宅として利用している建造物への暴力を伴った立入

などなど

↓どの解釈を選ぶべきかを確定するのが 司法権＝裁判所の権限

「実はですね、法学部というのは、単に、法律の条文を暗記したり、理解したりする学部ではなくて、魅力的な法解釈を展開する能力を身に付ける学部なんですね。実際、学部の試験でも、司法試験でも、条文見れば答えが出るような問題は絶対に出ませんね」

六法を持ちこめるんだから、当たり前だと思った。

「法学の試験で問われるのは、解釈が要求される場面で、どんな解釈をしますか、ということなんですね。魅力的な法解釈ができるようになるには、過去に示されたいろいろな法解釈のお手本を知っておく必要があります」

「そのお手本として、判例と学説を勉強するんだよ」

ワタベ先生が、補足した。

「ははは。そうですね。ほら、将棋で強くなるために、名人戦の棋《き》譜《ふ》並べってやるじゃないですか。あんな感じですね」

「……棋譜並べって何？」

ワタベ先生が聞いた。岩渕さんも村山さんもポカンとしている。

「あ、すいません。棋譜並べっていうのは、過去の試合を将棋盤の上で再現することですね」

「ああ、バレー部で、春高《はるこう》バレーの決勝の映像観ながら、フォーメーションを再現したりするのと一緒か」

岩渕さんは、納得したようだった。


こんな話をしながら、2階の教室を見て回ったんだけど、何も出なかった。この階の廊下には、ベンチと机があり、ちょっとした休憩《きゅうけい》スペースになっている。大きな窓からは、池を見下ろせた。今は暗くてよく見えないけど、日中だったら、とても気持ちの良い場所だろう。

キヨミズ准教授の話によると、ここでかなりの人が火の玉を目撃しているらしい。

良い法解釈とは何かを考えながら、火の玉を待つ

僕たちが少し休もうとベンチに腰を下ろした、ちょうどそのときだった。池の中央部から、強い光が浮かんできた。

あまりのことに、ワタベ先生や岩渕さん、村山さんも目を丸くしている。大きさからして、宇宙人の乗り物のようには見えない。だけど、火の玉なら、池の水の中から出てくるのも変だ。その光は、水中を素早く動き回ると、突然、池から飛び出し、奥の林に消えていった。

光が向かった先は、法科大学院棟らしい。僕らも行ってみることになった。

歩きながら、さっき見た光はなんなのか、話し合ったけど、手掛かりが少なくて、みんなすぐ黙ってしまった。しょうがないので、僕は、話題を戻した。

「魅力的な法解釈ができるようになるのが目的だって言っていましたけど、良い法解釈とそうでない法解釈は、どう区別するんですか？」

「そうだなあ。まずは、理論的一貫性と理論的明確性だな。議論が一貫して矛盾《むじゅん》しないこと、内容も明確であること。そういう理論面がしっかりしてない学説は、それだけで失格

だよ」

ワタベ先生が厳しい口調で言った。

「あとは、それが適用される他の事例でも適切な解決を導けることが大事ですね。ええと、『射程が考えつくされている』って言うんですけど。そうだ、こんな例を挙げてみましょう」

キヨミズ准教授が、またパネルを出してくれた。

キヨミズパネル2 受精卵窃盗

生殖医療・不妊治療をする医療機関で、Aさんの精子とBさんの卵子を受精させた受精卵を試験管中に保存していた。その受精卵は、適切な時期にBさんの子宮に着床《ちゃくしょう》させる予定だった。ところが、外部から侵入したYが、持参した試験管にその受精卵を移し替え、持ち去った。

刑法235条は「他人の財物《ざいぶつ》を窃取《せっしゅ》した者は、窃盗の罪とし、十年以下の懲役又は五十万円以下の罰金に処する」と定めるが、Yの行為は窃盗罪になるか?

キヨミズ准教授のパネルにしては、ずいぶんシリアスだ。

「受精卵みたいな大事なもの盗んじゃダメでしょ。ぜったい窃盗罪だよ」

岩渕さんが声を上げる。

「ええ、そう思うでしょ。でも、そういう解釈をすると、受精卵は『財物』ってことになりますね。そうなると、どうなると思います？」とキヨミズ准教授。

「受精卵を売買したり、それを担保にしてお金を借りたりできるようになるんじゃないですか？」

村山さんが指摘した。

「おっ、すごいね。そうなんだよ」

ワタベ先生が感心したように言った。村山さんは、確かに法学の才能があると思う。

「ははは。じゃあ、『財物』じゃないってことでいいですかね？」

キヨミズ准教授が、楽しそうに問いかけた。

「でも、そうなるとYは無罪なんですよね。なんか、しっくりこないな……」

村山さんは、しばし考え、こう言った。

「あの、誘拐罪みたいなものにはならないんですか？」

「なるほど。誘拐ですか。受精卵を『人』として扱うわけですね。でも、それはそれで大変なんですよね。ほら、相続とか」

村山さんなら分かるだろうという感じでキヨミズ准教授が促《うなが》した。

「ええと、ああ！　もし受精卵が『人』になっちゃうと、財産を相続できたりしちゃうのか。そうなると、例えば、お金持ちが保存していた精子や卵子で勝手に受精卵を作って、その受精卵の代理人を名乗って相続のときに財産を奪うなんてことができちゃう……」

「そうなんですね。相続以外にも、受精卵を人と扱うと、住民登録とか生活保護とか、他にも面倒な論点が山ほど出てきます。おまけに冷凍保存されると、半永久的に『生きる人』ですからね」

キヨミズ准教授が指摘した。

「本当に厄介《やっかい》だね」

ワタベ先生が、不愉快そうに言った。

「まあ、そういうわけで、受精卵については『財物と扱う』『人と扱う』『どちらとも扱わない』と、どの解釈を選んでも、いろいろ厄介な帰結が出てきますね。その中で、何が我慢できて、何が我慢できないか、考えるわけですね。ちなみに、民法学・刑法学の研究者の多くは、受精卵窃盗は無罪ということで我慢しよう、って言っています。生殖医療に関しては、いずれ特別法を作る必要があるでしょうね」

キヨミズ准教授が言った。

「法というのはその事例だけじゃなくて一般的に適用されるから、その解釈の様々な帰結、つまり『射程』を考慮に入れて、妥当な結論が出るように工夫しなきゃいけないんだよ。その事案だけじゃなくて、適切な射程を持った解釈が、良い解釈ってことになるね」

ワタベ先生が補足した。

「あとは、法律の文言の理解として妥当である、日本語の理解として自然だというのも大事ですね。それに、関連する法律の条文や法制度、それに過去の判例や学界の通説とも整合的であることも大事な条件です」

キヨミズ准教授がパネルを出して、まとめた。

キヨミズパネル3 良い法解釈の条件

・理　論　性：内部に矛盾するところがなく（一貫性）、指示する内容が明確（明確性）であること
・射程の適切性：その解釈を適用して得られる帰結が適切であること
・言語的自然さ：日本語の理解として無理のないこと
・整　合　性：他の法律・判例・通説と整合的であること

↓ **良い法解釈とは何かを判定するには、専門的な訓練が必要**

「こんな感じですね。実定法学者は、こうしたことを基準に、お互いの学説を評価し合って、より良い法解釈とは何かを考えているみたいですね」

他人事《ひとごと》のように基礎法学者が言った。

「良い法解釈かどうかを区別する能力を身に付けるには、どうしても専門的なトレーニングが必要だよ」

隣の実定法学者が付け加えた。

じゃあ、さっきの火の玉は、どう解釈するのがいいんだろう？　そんなことを考えていると、法科大学院棟に到着した。

法学部の卒業生全員が弁護士になるわけじゃない

法科大学院の建物は、もう8時だというのに、まだ開いていた。なんでも最上階には24時までやっている図書館があるらしく、今も大勢の院生が司法試験に向けて勉強しているらしい。１階のロビーを抜けると、さっき光の玉が消えていった林の西側に出るということだ。

「ずいぶん新しい建物ですね」

と、僕。

「法科大学院という制度自体が２００４年にスタートしたばかりだから。学部に比べると、授業も少人数で、30人前後で授業を受けることが多いな。教室の広さも高校みたいでしょ」

ワタベ先生が答えてくれた。

「どんな制度なんですか？」

村山さんの質問にワタベ先生が答える。

「裁判官・検察官・弁護士の三者を『法曹《ほうそう》』って言うんだけど、法曹になるには『司法試験』という難しい試験に合格しなきゃいけないんだ。これまでは司法試験って、法学の専門教育を受けなくても受験できたんだよ。受けようと思えば、中学生や小学生でも司法試験を受験できたんだ。

でもいろいろあって、司法試験の受験資格として法科大学院の卒業を要求するように改革されたんだ。だから、法科大学院は、法曹実務家になりたい人向けの大学院ってことだね」

「じゃあ、法学部を卒業した人は、みんな法科大学院に行くんですか？」

今度はキヨミズ准教授が答えた。

「ははは。そんなことはないですね。全国の大学法学部の定員が一学年総計4万人くらいだったと思いますけど、法科大学院の入学者は毎年3000から4000人ですね。法学部以外の学部から法科大学院に行く人もいますから、まあ、法科大学院に進学するのは、法学部生の1割弱ってところでしょうね」

「えっ、じゃあ、それ以外の人は、法学なんか勉強してどうするんですか？」

岩渕さんが言った。法学なんか、っていう言い方はひどい。

「ははは。べつに、裁判官や弁護士にならなくても、法学教育を受けた経験は役に立ちますよ。ええと、まず単純に、法律の知識は社会人として生活するのに役立ちますね。

例えば、公務員になったら、都市計画法に基づいて都市計画を立てるとか、生活保護法に基づいて生活保護費を支給するとか、情報公開条例に基づいて情報公開請求に対応するとか、法律を運用しなければいけません。政治家さんの下で法律や条例の文章を練《ね》り上げたりもしますね。国家公務員試験や地方公務員の試験でも、法律の問題が出ます」

と、キヨミズ准教授。

「一般企業に就職しても、会社法とか労働法、契約法の知識がないと困るだろうね。例えば、株主優待として商品券を配ることが法律的に許されるか、みたいなことを総務部が分かっていないと大変なことになる。ベンチャー企業を作る場合に、会社法の内容が分かってないと、投資家にいいように会社を支配されてしまう。労働法に違反して労働者をこき使ったことが発覚したら、企業の大きなイメージダウンで、下手したら莫大《ばくだい》な損害賠償義務が発生する」

と、ワタベ先生。

「あ、そうか」

岩渕さんは、納得して笑顔を見せた。やっぱり、岩渕さんの笑顔は素敵だ。キヨミズ准教授が、さらに続ける。

「それと、法的思考っていうのが、結構役に立つんですね。

法律以外にも、お役所や会社には、内部ルールや決まりごとがありますね。例えば、業務の分担とか、業績評価の基準とか。そういうルールを適用する場合にも、理論性や射程の適切性を意識しないと、公平にならないし、社内の人の納得も得られません。業績評価をする管理職の方は、営業職か経理職かとか、営業の中でも新規開拓の飛び込み営業なのか継続的な取引相手との更新手続なのかとか、業務の類型を作って、それぞれにどのくらい時間や心理的負担があるかを整理した上で、同じ役職の人が平等な負担になるように割り振って、みたいな作業ができないとダメですね。

法律に限らず、ルールにあてはめて結論を出す作業は、公平な判断をして、人の納得を得るために重要なんです」

「そうだね。あと、法学部の卒業生って、頭が固いって煙《けむ》たがられることもあるけど、儲《もう》かりそうだってイケイケドンドンで突っ走るだけだと、うまくいってるときはいいけど、トラブルがあったときにちゃんとした対応ができなくて、大損害が出て信用を失ったりするでしょ。取引相手の社内の意思決定ルールが合理的で明確だったり、契約するときにきちんと合意の射程を詰めておこうっていう態度を示したりしてくれると、やっぱり信用が増すんじゃないかな。対外的信用を得るのにも、法学部の卒業生は有益だよね」

ワタベ先生も指摘した。

「なるほど」村山さんも納得したところへ、キヨミズ准教授が畳《たた》み掛ける。

「あと、法律っていうのは、これまで生じた様々な社会問題への対応マニュアルなんですね。その勉強をしておくと、社会では、これまでにどんな問題が起きてきたのか、そこではどんな価値や利益が問題になって、解決のためにはどういう道筋を通るのが有効か、っていうのが分かってくるんですね」

「ああ、そうだね。例えば、管理職として部下を管理する場合に、安全配慮義務とか信教の自由といった法学の知識を持っていたおかげで、部下の健康や安全、宗教への配慮が欠けると大きな問題になることに気付くことができた、なんてことはあるだろうな。仮に、それに配慮する法的義務がない場合でも、そういうことに気を配れるのは、管理職に要求される能力の一つだろう」

このワタベ先生の発言を受けて、キヨミズ准教授はまたパネルを取り出した。

キヨミズパネル4

法学部生、オススメです

一　法律の知識があることは、普通に仕事で役に立ちます

二　法的思考の能力は、組織内部で、公平で納得のできる判断を導くのに使えます

三　しっかり法的思考ができることを示せば、取引先から信用を得られます

四　様々な社会問題とその解決法に精通《せいつう》しているので、視野が広くきめ細かい判断ができます

「まあ、法学部の人だけだと頭が固い人の集団になってしまいますが、やはり社会のいろいろな場面で法学教育を受けた人は必要になりますね。だから、法学部というのは、それなりに就職強いんでしょうね。岩渕さんが会社を作るときは、ぜひうちの学生もよろしくお願いします」

キヨミズ准教授が、真顔で売り込んだ。……でも、岩渕さんは、まだ高校2年生だ。

力強く大学論を語るキヨミズ准教授の前に、「怪しいもの」が現れる

僕たちは、法科大学院棟のロビーを抜け、林の西側に出た。しばらくここで様子を見ることにした。まだ、あの光についての正しい解釈が思い浮かばない。みんなはどう考えているんだろう。そう思っていると、ワタベ先生が突然つぶやいた。

「いや、それにしても、良い法律家を育てる、というのは難しいよね」

「おや、ワタベ先生らしくない弱気な発言ですね」

キヨミズ准教授がつっこんだ。

「いや、最近、法科大学院でも講義するんだけどさ、『司法試験の正解』を教えてくれって質問してくる院生があとを絶たないんだよ。まあ、将来のかかった難しい試験だし、気持

ちは分かるけど、大学とか大学院での勉強って、先生が知っている正解を暗記するってもんじゃないでしょ。司法試験も、『絶対的な唯一の正解』を暗記しているかどうかの試験じゃないし」

「ははは。もっともです。法解釈というのは、絶対的正解がなくて、とてもクリエイティブな作業ですからね。これまでに見たこともないような斬新《ざんしん》な解釈論に触れる経験というのは、とても楽しいものです」

キヨミズ准教授は、こう言いながら林の方を懐中電灯で照らした。やっぱり、何も見えない。

「クリエイティブって、どういうことですか?」

村山さんの質問に、キヨミズ准教授が答える。

「そうですね。最近、東京や大阪で、小中学校の先生に卒業式で君《き》が代《み》を歌えって命令していいかどうか、って議論が流行していますね」

「はい。そういえば、新聞でよく見ますね」

村山さんはしっかり新聞をチェックしているんだと、感心してしまった。

「あの問題で、憲法の先生方は、『教員の思想・良心の自由の侵害だ、どうしてくれるんだ！』って叫んでいたんですね。まあ、確かに、憲法19条には、『思想及び良心の自由は、これを侵《おか》してはならない』って書いてあるんですね」

「それのどこが悪いんですか？」

「うーん、ちょっと考えて欲しいんですが、公務員になる人って、『仕事上必要なことはちゃんとやります』ってことに納得して、公務員になるわけですね。例えば、警察官が、『ボク、どんな犯罪者でも、刑罰を与えるのは間違っていると思うんです。これが僕の思想・信条です！』って言って、犯罪の捜査やらなかったら、『何言っててんだ？　働けよ！』って言われますね。公務員が仕事をする場面で、その仕事をしたくないという思想の自由なんて主張しても通るわけないいんですね。最高裁もそう言って、憲法学者の多数説を一蹴《いっしゅう》していますね」

「確かに、思想・良心の自由の侵害だという主張は、無理そうですね」

僕は、素直に頷《うなず》いてしまった。

「そう思いますよね。そんな中、うちで労働法を担当しているサカガミ教授が突如として、『公務員に限らず労働者は上司の命令に従う義務がある。しかし、嫌な奴に無理やり社歌を歌わせて、歌えないという理由でクビにするのは、パワハラ以外の何物でもない』って言い出したんですね。確か、『社歌斉唱《せいしょう》拒否を理由とした懲戒《ちょうかい》免職によるリストラの適法性』って論文だったと思います」

なるほど、そういう視点からの分析もあるのか。

「ああ、あれは面白かったね。確かに、あの論点でパワハラとか労働法という視点から研究した論文ってなかったから、新鮮だったな」

とワタべ先生。

「そうなんですよ。君が代斉唱命令が問題になるケースには、先生たちがただサボっているというより、君が代に反発を持つ先生をわざと追いつめているようなケースもたくさんあるんですね。だから、労働法の解釈で戦うっていうのは、すごく大事なことだったと思うんですね。

みんなが思想・良心の自由の問題だって思い込んでいるときに、別の視点から面白い問題提起ができる、というような能力が、一流の法律家が持つクリエイティブな能力ですね」

ここで、村山さんが、どうも腑《ふ》に落ちないことがあるという表情で言った。

「パワハラ問題として考えるって視点は大事だと思うんですけど、原告の方たちは、自分たちの思想や信条を貫《つらぬ》きたい、という主張をしたいんですよね。労働法の問題だけで処理しちゃうと、そういう主張が表に出てこなくなってしまいませんか？」

「なるほど。鋭《するど》いですね」

キヨミズ准教授が感心した。

「おっしゃる通り、法解釈をして主張を組み立てるときには、訴訟戦略として勝ちやすいかどうか、という点とは別に、当事者の主張を忠実に法的言語に翻訳しているか、という点もすごく大事なんですね。だから、憲法学者の先生方は、思想・良心の自由という構成をあえて採用したんでしょう。

ただ、憲法学者の先生の中には、当事者の思いを翻訳するにしても、思想・良心の『自由』ではなくて、君が代への反発という信条を理由にした差別的取り扱いだとして『平等原則』や『差別禁止原則』を主張した方がいいんじゃないか、って言っている人もいますね」

「なるほど。一つの問題でも、本当にいろいろな視点から分析できるものですね」

村山さんも納得した表情になっていた。

「そうなんですね。ですから、法律家には、自由な発想力とか、柔軟な構想力、視野の広さというものが必要なわけですね」

僕たちは、林の方を見ているのにだんだん飽《あ》きてきて、会話の方に集中していた。

「でも、そういう能力って、訓練で身に付くものなんですか？」

村山さんが心配そうに聞いた。

「うーん、やっぱり才能がないと無理だと思うよ。でも才能だけでも、だめなんだよね。優れた解釈論をたくさん勉強すると、こういうときにはこういう方向から考えるとうまくいく、とか、こういう場面ではこういう価値を無視しがちだけど、これはすごく大事な価値だ、なんてことが分かるからね。そういう意味で、法学の勉強っていうのは、頭を柔軟にして自分の才能を磨《みが》くのと同時に、徹底的に情報を吸収するっていう二つの作業を同時にやらなきゃいけないんだ」

ワタベ先生が指摘した。

「まったくその通りですね。棋譜並べと一緒です。でも最近の学生は、どうも『徹底的に情報を吸収』の方だけ頑張りすぎているように思いますね。さっきも言いましたけど、法解釈論には絶対的正解なんかないわけで、大学の法学部というのは、誰も考えたことのない問題に取り組み、未知の世界に挑戦する場所なんですね」

キヨミズ准教授は、珍しく力を込めて発言した。

「ですから、やはり法学徒のみなさんには、『答えを素直に吸収する』という姿勢だけじゃなくて、『俺が素晴らしい解釈論を創造してやるから、ついてこい』という気持ちを持って欲しいですね。自分の創造力に自信がないのに法律家になろうとするのは、法律家を必要としている社会の人々に対して失礼というものですね」

これも、かなり力強い発言だった。


……と、そのときだった。林からガサガサという音がして、フラフラと強い光が現れた。これまでよりもかなり近くて、じっと見るとかなりまぶしい。そして、くわぁぁぁと変な音がした。暗い中で強烈に光が輝いていて何が何だかよく分からないけど、動物の鳴き声みたいだ。生き物なのか？

ワタベ先生とキヨミズ准教授が懐中電灯で、そのあたりを照らした。くわぁぁぁ、ガササ。変な声と音がして、その光る物体は見えなくなった。

……その後、僕たちは、あたりを探して、林の中まで入ってみたけど、結局何も見つからなかった。

僕たちは、この不思議な現象をあだこうだと解釈した。ワタベ先生は、先日亡《な》くなった港湾大学の名誉教授の魂《たましい》じゃないか、って言った。その名誉教授は、あの池が好きだったらしい。岩渕さんは、誰かが懐中電灯でいたずらしているんだって言う。ひどいいたずらだ、って怒っていた。キヨミズ准教授は、動物園から逃げ出したペンギンの首に光る首飾りのおもちゃが付いたんだって言った。これなら水の中から出てくることも説明がつくと自信満々だ。

でも、結局、それがなんだかは分からなかった。そして、村山さんの「分からないことは、分からないままにしておきましょうよ」というひと言に落ち着いた。

＊

これが、僕が夏休みに体験したサマーナイトオープンキャンパスだった。夜だったけど、港湾大学のキャンパスは開放感があって素敵だった。

村山さんは、法解釈学にクリエイティブな面があるってことに心を動かされたらしく、法学部志望に決めたらしい。港湾大学法学部も候補の一つのようだ。彼女は帰り際、キヨミズ准教授とワタベ先生に、「もっと、法学のことを知りたいんですけど、面白い参考文献があったら紹介して下さい」とお願いしていた。僕も法学に興味がわいたし、読書が好きだったから、同じようにお願いをした。岩渕さんは「なんでもいいから面白い本を教えて下さい！」だって。

キヨミズ准教授は、「じゃあ、ワタベ先生と相談しますから、少し待って下さい。手紙を書いて、赤ひげ小人の倉井さんに預けておけばいいですね。キタムラさん、受け取って、お二人に渡してくれます？」と言った。

そんなわけで、僕と村山さんと岩渕さんは、お手紙とサマーナイトオープンキャンパスのお礼を言って、ＪＲの駅に向かった。そして、その後、ＵＦＯ＝火の玉が目撃されることはなくなったらしい。

キタムラノート5

法解釈の学び方

- 法解釈は、様々に意見が分かれる
  → どうすれば良い解釈ができるのか？

＜良い解釈の条件＞
・理論的、矛盾がない、日本語として自然
・射程が考えつくされている
  ＝
  その解釈を他のケースに適用した場合の妥当性

⇩

・過去の優れた解釈の実践例
（判例・学説）の追体験

・自分のセンスで考えつくす

重要！ ☆過去の解釈をよく学び、
自分の才能を使って考える！

Chapter 6

話は古代ローマにさかのぼる

二学期が始まって、夏休みボケも治ってきた頃。その日は、水曜日で、例によって午後の授業はないので、県立図書館に行くことにした。

山がちな僕の街の公的施設にはよくあることだが、この図書館も坂の上にある。有名な建築家の代表作らしく、気持ちの良い空間だ。メインの閲覧室《えつらん》は、吹き抜けの高い天井で、木々の生える庭に向かって開けた大きなガラス窓がある。

宿題と予習を終えると、時刻は午後3時になっていた。僕は、あまり本を読む気にならなかったので、早めに出て、赤ひげ小人でコーヒーを飲むことにした。

タヌキおやじ校長の方針

僕の高校は、学区で偏差値が一番高い公立高校ということになっている。だけど、近隣に有力私立高校がうじゃうじゃあるから、それほど入りにくいわけではない。生徒の進学熱の格差は大きくて、絶対東大に入ってやると息巻いて塾通いをしている奴もいれば、調理の専門学校に行って一流シェフになると言っている奴もいる。

歴代の校長は、生徒の進学熱の多様さを前に、試行錯誤を繰り返した。バリバリ勉強させる授業をやったら、受験組は喜ぶかもしれないが、そうでない連中には苦痛だ。といって、授業のレベルを下げれば、受験組の内職の嵐でクラスの雰囲気が悪くなる。そんなわけで、タヌキおやじ校長は、減らせる限り授業を減らす、という方針を採用した。受験したい奴は、学校を早めに切り上げて、予備校に通うなり、自習するなりすればいい。学校側も単に手を抜いているわけではなく、受験対策用の午後の選択科目を開講してくれているから、そこで勉強しても良い。勉強に熱が入らないなら、部活に思いっきり打ち込んだって、少し歩いて海の見える公園でデートを楽しんだっていい。こんな学校の方針は、有名大学の合格率を目に見えて上昇させる一方（東大の合格者は4倍になった）、学校全体の大学進学率を下げる、という帰結をもたらした。県の教育委員会は、これをどう評価していいのか分からず、戸惑っているとか。

まあ、僕は、こういう高校の方針をありがたいと思っている。図書館でたっぷり好きな本を読む生活は気に入っているし、受験で最後にものを言うのは、受けた授業じゃなくて、自習の内容だろう。

そんなことを考えながら、赤ひげ小人のドアを開けると、キヨミズ准教授がコーヒーを飲み干すところだった。僕の顔を見ると、「ああ！」と声を上げ、「ちょうど良かった。実は、例のお手紙を倉井さんに預けようと思ってやってきたんです。まあ、どうぞ」と言って、向かいに座るように促《うなが》した。僕は、倉井さんに、コーヒーを頼んだ。

「いやあ、先日はお世話になりましたね。いま学校の帰りですか？」

キヨミズ准教授が聞く。

「いいえ。水曜日の授業は午前だけなので、県立図書館に行ってきて、その帰りです」

「ははは。それは、ずいぶん緩《ゆる》いカリキュラムですね」

「はい、そうなんです。実は……」

僕は事情を説明した。キヨミズ准教授が「なるほど！」とひざを打った。

ちょうどそのとき、お店のドアが開いて、ワタベ先生が入ってきた。


古代ローマの法律なんて勉強して、なんの意味があるの？


ワタベ先生は、キヨミズ准教授を見つけると、不機嫌そうにポケットから二つ折りの黒い財布を出して渡した。

「いやあ、ありがとうございました」

キヨミズ准教授は、ワタベ先生にお礼を言うと、僕に説明した。

「コーヒーをオーダーしたところで、お財布を研究室に忘れてきたことに気付いたんです ね。それで、お店の電話を借りて、ワタベ先生にお願いしたんです。あ、ワタベ先生、ど うぞお座り下さい。お礼にコーヒーご馳走《ちそう》しますよ」

ワタベ先生も僕に気付いて「あ、こんにちは。この前はどうも」と言いながら、隣に座った。しばらくして、僕とワタベ先生の分のコーヒーが運ばれてきた。

「実は、今、難関大学合格率を上げるために、キタムラさんの高校がどのような努力をしているのか、伺《うかが》っていたところなんですね」

キヨミズ准教授は、ワタベ先生にタヌキおやじ校長の方針を説明した。

「ふーん。それは良いアイデアだね。うちの法科大学院でも、司法試験の合格率上げるためにやってみればいいじゃん」

と、ワタベ先生。

「ははは。おっしゃるとおりですね。法科大学院の授業の課題に手間取って、司法試験の勉強にまで手が回らないって話、よく聞きますね」

「あとさー、うちの法科大学院、『比較法A：ローマ法文献講読』と『比較法B：近代西洋法典編纂《へんさん》史』が選択必修で、どちらかをとらなきゃいけないだろう。Aの方はラテン語、

Bの方はドイツ語とフランス語の文献を読解するって、あれ、絶対やめたほうがいいよ」

「『なんで、ナポレオン法典を原文で読まなきゃいけないんだよ!』っていう怒りの声も、よく聞きますね」

二人は、ずいぶん盛り上がった。

「あのう、法科大学院って、日本で弁護士になったり裁判官になったりする人が行くところですよね? なんでまた、ローマ法や西洋法が必要なんですか?」

僕が聞くと、ワタベ先生が事情を説明してくれた。

「文部科学省は、法律家には教養も必要だって言って、外国法や法制史の講座を開くことを法科大学院認可の条件にしちゃったんだよね。でも、さすがに文部科学省も、ラテン語やフランス語の原文を読むことまでは要求してないんだけど……」

「まあ、原文読むことまでは必要ないにしても、そういう講座を開いておくのは良いことですね」

キヨミズ准教授が指摘した。

「えー、そうかな? 歴史とか外国の話とか、必要ある?」

ワタベ先生は、怪訝《けげん》な顔をした。

「ははは。なくはないと思いますよ。法の歴史や外国法を勉強すると、現代日本法というものが、いかに特殊な法体系か、よく分かりますからね。最近、法科大学院生さんや、学部生さんと話していると、あまり話が通じなくて、ちょっと寂《さみ》しくなることがありますね」

「例えば？」

ワタベ先生が聞いた。

「例えばですね、『アメリカは英米法系の判例法国だと言いますけど、この分野は、大陸法と大差のない法典解釈の世界なんですね』なんて言ったりすると、『そもそも、英米法って、判例法だったの？　っていうか、判例法って何？』みたいな顔するわけですね。フランス革命の歴史を知らない人に、『ロベスピエールって若い頃、死刑廃止論者だったんです』って言っても、面白さが伝わらない感じと一緒ですね」

ロベスピエール、世界史屈指の恐怖政治家じゃないか。死刑廃止論者だったのか……。

「ところで、選択必修の『ローマ法』って、古代ローマの法のことですか？」

コーヒーを飲みながら聞いてみた。

「そうですね。現代のローマ市条例のことではありません」

キヨミズ准教授は、特に表情を変えずに答えた。

「あの、なんでそんな昔の法のことなんか勉強するんですか？」

「確かに。ローマ市条例の講義の方がためになるんじゃない？」

ワタベ先生も同意してくれた。

「ははは。おっしゃることはよく分かります。でも、複雑な事情があって、話は古代ローマにさかのぼらざるを得ないんですね。えーと、話せば長くなるんですけど。あっ、そうだ、うちの大学に、一般公開している博物館があるんですけど、今、ちょうど『法学の歴史展』というのをやっているんですね。古代ローマに始まって、現代日本法に至るまでの歴史が、いろいろな展示物を見ながら勉強できるんです。行ってみませんか？」

そんなわけで、僕たちは、コーヒーを飲み終えると、港湾大学博物館に行くことになった。

成文法《せいぶんほう》と法学は、ローマの偉大な発明品である

港湾大学博物館は、正門から法科大学院棟を通り、銀杏《いちょう》並木を抜けたところにあった。レンガ造りのオシャレな建物だ。生物学科で持っている標本や、建築学科が保管している

貴重な建築模型など、大学ならではの展示をしているらしい。

受付を済ませ中に入ると、閉館が近いからなのか、普段からそうなのか、お客さんは全然いない。素敵な展示空間なのにもったいない。

最初のコーナーは「古代ローマ」だった。紀元前2世紀の共和制ローマの地図を背景に、とても古そうな銅板《どうばん》が展示してあった。キヨミズ准教授が話し始める。

「古代ローマの歴史は、紀元前6世紀に王を追放して共和制を樹立したところから始まるんですが、ローマ法の始まりは紀元前5世紀半《なか》ばと言われていますね」

「ふーん。何があったの?」

ワタベ先生が、さして関心も無さそうに促した。

「このころ、平民も武装して戦争に参加するようになって、政治的発言力が大きくなったんです。護民官《ごみんかん》制度の発足《ほっそく》なんかは、その象徴ですね。共和制ローマの権限は、基本的にパトリキと呼ばれる貴族が握っていたんですが、護民官は、貴族たちの決定を拒否する権限を与えられました。

それから、平民たちは貴族に法の内容を公示するよう要求しました。結果として、十二枚の銅板に法律を刻んだ『十二表法《じゅうにひょうほう》』と呼ばれる法典が公示されたんですね。ほら、これがそのレプリカです」

キヨミズ准教授は、展示品を指差した。

「ふーん。『父が子を三度売ったとき、子は自由人となる』ですか」

「えっ！　キタムラさんは、ラテン語を読めるんですか?!」

キヨミズ准教授が驚いて声を上げた。

「だって、これ日本語ですよ」

「あ、本当だ。なになに、『この銅板はレプリカです。どうせレプリカなんだから分かりやすい方が良いと考え、和訳で表記してあります』」

ワタベ先生が、銅板の隣にある間《ま》のぬけた紹介文を読み上げた。

「……。確か、ここの展示を担当されたのは、ローマ法のナカムラ先生でしたよね。何を考えているんでしょうね」

さすがのキヨミズ准教授も呆《あき》れている。ローマ法学者ってすごい。

「まあ、いいや。それで、文章で表された法のことを、成文法と言うんですけど、成文法を作るという発想は、当時、画期的だったんですね」

キヨミズ准教授は立ち直って続けた。

「あのう、成文法を作るのって、当たり前なんじゃないですか？」

と、僕は聞いてみた。

「それがそうでもないんですね。例えば、『先に手を出した子をまず注意する』というのは、たぶん、ほとんどの保育園に共通するルールですけど、そういうことが書いてある法律や保育園指導要領があるわけじゃないですよね」

「そういえば、そうですね」

「そうなんです。歴史を見ると、法というのは、イメージというか方向性が頭の中でなんとなく共有されているだけの場合が多いんですね」


「法の内容を文章にすると、どんな良いことがあるんですか？」

「まず、多くの人がその内容を認識できる、という点が一つ。あと、頭の中で共有されただけのルールというのは、良く言うと豊穣《ほうじょう》ですが、悪く言うと曖昧《あいまい》で不明確なんですね。文章化すると、誰にでも分かりやすい内容に整理されるんですね」

「頭の中にあるルールと文章って、そんなに違う？」

ワタベ先生が疑わしそうに言った。

「ええ、違いますね。文章って、それが導かれるまでに必要な人間の思考や記憶に比べると、かなり単純で明快なんですね。ほら、人間の思考や記憶を再現するのって、現代のコンピュータの容量じゃ全然足りないですけど、日本の現行法なんて図表含めて全部収録しても1ギガバイトもいかないでしょう」

確かに、そうかもしれない。


「それで、十二表法ができたあとはどうなるわけ？」

ワタベ先生が、日本語版十二表法銅板の隣にあるローマ歩兵の密集陣形フィギュアを見ながら聞いた。

「共和制ローマは、ポエニ戦争でカルタゴに勝って地中海世界を制覇《せいは》しました。そうなると、ローマ経済がグローバル化しますから、そのための取引法が発展しますね。その内容は、所有と責任を個人単位で規律するのを原則とするなど、かなり個人主義的な内容だったと言われますね。そこには、ギリシアの思想の影響もあったようですね」

「取引法の発展ってどういうこと？」

「法律の専門家、特に学者によって内容が批判されたり再構成されたりして、法として洗《せん》練《れん》されていくってことです。共和制ローマには、たくさんの法学者がいて、活発に法学の議論が戦わされたんですね。

その後、ローマは国内格差が広がって市民の暴動の時代に入り、カエサル・オクタヴィアヌス独裁を経て、帝政《ていせい》時代に入りますね。初期の皇帝たちは一部の法学者に jus respondendi、ええと、『解答権』というのを与えて、こいつの学説に従った裁判なら俺は文句を言わないよ、という保障を与えるんですね」

キヨミズ准教授は、ラテン語も上手に発音した。

「それは、すごい特権だね」

とワタベ先生。

「そうですね。紀元前1世紀から紀元後2世紀の帝政前期は、ローマ法学の黄金時代とか古典期とか言われますね。解答権を持った法学者が、たくさん本を書き、判決を主導したんですね。それで、法を学者が整理する、という思想自体が、これまた結構、特徴的なんですね」

「えっ、法学者って、法があるところには必ずいるんじゃないんですか？」

と僕。

「うーん、法と法学者の関係は、自動車とガソリンみたいな関係ではありませんね。法学者は、権力が作った法律や判決を批判的に検証するのが仕事です。ですから、権力の側が批判に寛容《かんよう》じゃないとダメなんですね。ローマの場合、共和制という政治的条件がそれを可能にしました。帝政前期の皇帝も、その伝統を尊重してくれたわけですね」

「帝政後期はどうなの？」

ワタベ先生が聞いた。

「帝政後期に入ると、解答権の制度はなくなり、皇帝の定めた勅《ちょく》法《ほう》が、裁判の基準になったと言われていますね。皇帝が絶対ですから、法学をやる意味もなくなり、法学者の活動は低調になります。

その後、ローマ帝国は東西に分裂しますが、紀元後6世紀に東ローマ帝国にユスティニアヌスという優《すぐ》れた皇帝が出ます。この人は、黄金時代のローマ法学というものに憧《あこが》れを持っていたようで、法制長官のトリボニアヌスに、ローマ法の全体系を文書にまとめるよう指示します。こうして、Digesta, Institutiones, Codex, Novellae の四つの文書、言わば法典がまとめられました」

キヨミズ准教授は、ユスティニアヌス帝が描かれた当時の銅貨——これは本物で、とても貴重なものらしい——を見ながら説明した。

「ちょっとちょっと、いきなりラテン語言われても分からないよ。比較法Aの授業じゃないんだから」

と、ワタベ先生がつっこむ。

「あ、すいません。それぞれ、『学説彙纂《いさん》』・『法学提要《ていよう》』・『勅法彙纂』・『新勅法集』と訳しますね」

「訳してもらっても、まだ、全然分からないんですけど……」

僕は控《ひか》え目に言ってみた。

「ああ、すいません。学説彙纂と勅法彙纂は、それぞれ過去の学説と勅法を編纂したもの。法学提要は、法学教科書のような文書です。新勅法集は、勅法彙纂がまとめられた後に出された勅法を集めたものですね。これらは後に『ローマ法大全《たいぜん》』と呼ばれるようになります。

これがまとめられたおかげで、当時の帝国の人々はもちろん、後世の人々がローマ法を勉強しやすくなったんですね。成文法を作ると、内容が認識しやすくなり、単純明快で理解しやすくなる、ということの見本みたいな話ですね」
キヨミズ准教授は、話しながら、パネルを指差した。

港湾大学博物館パネル1

ローマ法の歴史

前5世紀：共和制ローマ

平民（プレブス）の政治的発言力増大により、
護民官制度と十二表法の成立 → **成文法の思想**

⇓ ポエニ戦争勝利により地中海世界制覇

前3世紀から前2世紀：共和制後期

グローバル市場の取引ルールとしてローマ取引法が発達。
法学者による批判と整理 → **法学の成立**

⇓ 法学者の活動が活発化する

前1世紀から後2世紀：帝政前期

皇帝が一部の法学者に解答権を付与。
法学者の見解が、実務に強い力 → **法学の「古典期」**

＝

3世紀から5世紀：帝政混乱期

法適用が乱れ、皇帝は、多くの勅法を発する

⇐ **解答権制度の終焉**

6世紀：ユスティニアヌス登場

⇐ **法体系の混乱**

法適用の混乱を収拾するため、
古典期の輝きに注目。
『ローマ法大全』の完成 ——→ **巨大法典のおかげで、後世の人がローマ法を勉強しやすくなる**

「今では当たり前に思える成文法と法学というのは、ローマの偉大な発明品なのですね」

キヨミズ准教授がまとめたので、僕たちは次のコーナーに進むことにした。

これは暴力団の社会ではなく、中世の社会の話です

次は「中世西欧世界」のコーナーだった。

「その後は？」

ワタベ先生は、ローマ法なんかどうでもいいでしょう、という口調だ。

「ローマ帝国は４世紀に東西分裂して、５世紀には西ローマ帝国が滅亡します。その後、ヨーロッパは、実力者が割拠《かっきょ》する時代に入りますね」

「実力者が割拠って、どういうことですか？」

と僕。

「まわりの人間を『有無《うむ》を言わさず』従わせることができる人がどこにもいない状況ですね。戦国時代の日本みたいな感じでしょうか。こういう時代だと、人々の関係は万事《ばんじ》、お互いの合意、つまり『契約』に基づいて規律されることになりますね。領主と農民は耕作契約、下級貴族は上級貴族と臣従《しんじゅう》契約を結んで、社会を作ります。いわゆる封建《ほうけん》社会ですね。ほら、こんなイメージですね」

キヨミズ准教授は、中世の荘園《しょうえん》の模型を見ながら説明した。豪華な領主の城が中心にあり、周辺に農家と農園が広がっている。

「ずいぶん、精巧《せいこう》ですね」

　僕は感心した。

「ははは。これは、さっきのローマ歩兵と一緒で、うちの大学のフィギュア制作部の力作ですね。普段は、ガンダムのプラモデルや映画・アニメなんかのフィギュアを作っているらしくて、この模型の中も工夫されているらしいんですね。ほら、あの門のところにいる騎士を見て下さい」

「……。あれ、ダースベイダーじゃない？」

　ワタベ先生の口調には、この展示大丈夫か？　という不安があふれている。

「ははは。ちなみに、あの農家から顔を出しているおじいさん、ヨーダですね」

　キヨミズ准教授の口調は、純粋に楽しそうだ。


　僕は、話をスターウォーズから中世に戻して聞いてみた。

「でも、中世の社会にも『国王』とか、『皇帝』とかはいたんですよね？」

「うーん。いたはいたんですが、近代国家の君主とはちょっと違いますね。諸々《もろもろ》の実力者の筆頭《ひっとう》という感じなんですよ。ほら、担任の先生とガキ大将って違うでしょう。ガキ大将は、あくまで子供の一人で、クラスメイトに一方的に命令できる地位にはいないですね」

「ああ、なるほど。でも、そういう社会だと、法の実現ってどうやるんですか？　担任の先生がいないところで、筆箱取られると困ると思うんですけど……」

誰だって一度は、そんな経験をしたことがあるだろう。

「ははは。取られた筆箱は、暴力を使ってでも自力で取り返すのが原則ですね」

キヨミズ准教授は平然と言った。

「えっ、でも、それ困るでしょう」

ワタベ先生も、ちょっとびっくりしている。

「統一的な権力がないんだから、しょうがないですね。中世ヨーロッパでは、暴力を使った自力救済は、『フェーデ』と呼ばれる立派な法制度でした。10世紀頃になりますと、封建領主たちは、互いに、『俺の土地を奪っただろ』みたいに因縁《いんねん》つけあって、フェーデを繰り返します。領主たちは、それぞれ武装した一族郎党《ろうとう》を抱えていましたから、いざフェーデということになると、集団で相手の領土に火をつけ、財産を奪い、領民を殺しました。巻き添《ぞ》えにされる農民たちとしてはたまったものではありませんね。しかもそれは、違法な暴力の行使ではなく、正当な権利行使のための手続だとされていたのですから、手に負えません。あ、あれはフェーデの通告状のレプリカですね」

キヨミズ准教授は、壁に貼《は》ってあるレプリカを指した。「フェーデは、使者を通じて通告状を相手に提示するところから始まります」と解説文がある。

「まるで、暴力団の抗争だねえ。誰か、なんとかしようと思わなかったわけ？」

ワタベ先生がいつもの呆《あき》れ顔で言った。


キヨミズ准教授は、模型の隣に展示してある『グラティアヌス教令集』と紹介文の付《ふ》された難しそうな外国語の本を見ながら、優雅《ゆうが》に答えた。

「もちろん考えましたよ。中世社会では、国王やら領主やら教会やら、いろいろな組織や人々が、紛争を平和的に解決するために裁判サービスを提供しましたね。世俗《せぞく》の国王や領主が主催する裁判は、支配領域が限定されていたので、地域ごとに固有の法が生まれました。それなりに成果もあって、例えば、それまでは契約に違反した人を、フェーデとして自前の暴力で痛めつけていたのをやめて、損害賠償義務を課すようになりました。公権力による刑罰の概念も生まれて、強盗の被害にあっても、被害者に力がない限り泣き寝入りというのではなく、第三者としての国王や領主が公平に刑罰を科すようになったりといった感じで、法が発展していったらしいです。

他方、教会が主催する裁判で適用される法は、教皇《きょうこう》の権威の下に統一され、学者肌の聖職者によって合理的に整理されました。この法のことをカノン法と呼びます。カノン法の下では、聖職者が当事者になった契約上のトラブル処理の方法や、婚姻《こんいん》制度なんかが発展していきますね」

「中世フランスや中世ドイツの地域ごとの固有の法って、ゲルマン法って呼ばれるよね。ゲルマン法は、土地は個人で所有するものじゃなくて部族で共有するものだとされていて、成文法ではなく慣習法からなる古き良き法の体系だって習ったよ」

ワタベ先生が指摘した。

「うーん、ゲルマン法は、ローマ法ほど個人主義的でなかったにしろ、土地共有が原則だったというのは明らかに言い過ぎらしいです。慣習法だって言われますけど、結構、細かい法典も残っていますしね」

キヨミズ准教授が、指摘した。

「あー、そういう『歴史の真実はこうだったんだ』的な発言って好きじゃないな。俺だけは分かっている、みたいな態度で、まわりを見下してる感じがして」

ワタベ先生は、前に、社会学者や政治学者の悪口を言っていたけど、歴史学者も嫌いなのかもしれない……。

「申し訳ありません。まあ、ゲルマン法というのは、ドイツ人の法学者が、先祖の自慢のために作った理念的な概念らしいんですね。地域の固有法は本当に多様で、それをゲルマン法として一括《ひとくく》りすること自体にケチをつける人もいます。500年後の日本野球史学者が、20世紀の日本には巨人とアンチ巨人という二つの球団があった、と言っているような感じでしょうかね」

イタリアの都市に大学が生まれ、ローマ法が教えられる

次は「中世ローマ法学」というコーナーだった。ヴェネチアの写真を背景に、巨大な書物が展示されている。

「地域ごとのゲルマン固有法と、教会が共通で適用するカノン法が発展したなら、そこから始めれば十分だよね。なんで、ローマ法から話を始めるわけ?」

ワタベ先生が指摘した。

「ヨーロッパの人にとって、古代ギリシアと古代ローマというのは、輝ける古代文明なん

ですね。中世の裁判や政治では、自分の主張を『由緒正《ゆいしょ》しいローマ法』により正当化しようとする人も多くて、ローマ法への関心が強くなったと言われていますね」

「でも、各地域には、それぞれ固有法があったんでしょ？」

とワタベ先生。

「ええ。ただ、ローマ法はJus Commune、『普通法』と呼ばれていて、ヨーロッパのどこにでも適用される法だと観念されたんですね。ですから、固有法の内容がはっきりしない問題や、たくさんの地域にまたがる問題が生じたときには、ローマ法が参照されたんですね」

キヨミズ准教授は、答えた。

「ふーん。でも、中世の人から見ても古代ローマははるか昔だろう。ローマ法なんかどうやって勉強するわけ？」

ワタベ先生の口調は、そんなの無理だろう、と言わんばかりだ。

「実は、12世紀に、断片しか伝わっていなかったユスティニアヌス法典の写本が発見され、復元されたらしいんですね。ほら、これがピサで発見された『学説彙纂』のレプリカですね」

キヨミズ准教授は巨大な本を指した。

「さらに都合の良いことに、その頃、イタリアに続々と大学ができました。大学では、ユスティニアヌス法典をテキストにした、ローマ法の授業が提供されたんですね。後代《こうだい》の人が比較的ラクに認識できるのが、成文法の強みですね」

「大学の始まりは、中世のイタリアだったんですか？」

僕は、つい聞いてしまった。イタリアが大学の本場だというイメージはあまりない。

「そうなんですね。歴史上最初の大学は、12世紀に生まれたボローニャ大学だとされています」

さらに聞いてみる。

「なぜ、イタリアだったんですか？」

「独立性の強い都市があったからですね。11世紀頃になると、農業生産力が上がって、ロンドン、パリ、ミラノみたいな『都市』ができるんですね。都市は、中世社会において特殊な空間で、封建領主や教会などの勢力からある程度独立していました。特に、イタリア半島の諸都市は、地中海貿易の繁栄を背景に、強い独立性を持ち、貴族や商人・職人らの誓約に基づく集団指導体制によって統治されたと言われていますね。

大学は、農業に従事しない研究者と学生という人種が集って、権力から独立して自由に研究し、議論する場所です。なので、自由な都市にしか、存在しようがないんですね。都市は、大学という脆弱《ぜいじゃく》な生き物の生息のために必須の環境ですね」

「じゃあ、イタリア地域だけでローマ法が復活したわけ？」ワタベ先生が聞いた。

「イタリアだけじゃないですね。フランス、ドイツ、スイス、ウェールズ、イングランドと、いろんな地域の留学生が、ローマ法の知識を求めてイタリアの大学にやってきます。大学では、合理的で統一性のあるカノン法も教えられていたので、修了生は、ローマ法とカノン法の二つの博士号《はくしごう》を得ます。両法《りょうほう》博士と呼ばれるんですね。両法博士となった留学生は、故国《ここく》に戻り、裁判官や高級官僚として活躍したんですね。こうして、ローマ法やカノン法の知識は、ヨーロッパ中に広まりました」

キヨミズ准教授の解説に合わせるように、パネルが展示されていた。

港湾大学博物館パネル2

フェーデと中世法の発展

- 西ローマ帝国滅亡（5世紀）から10世紀くらいまでの西欧＝ゲルマン諸侯《しょこう》の乱立。統一された紛争解決機関はなく、**フェーデ**（自力救済）**が横行する時代**

→ その地域固有の慣習や個別法典（総《そう》じて「ゲルマン法」）を適用する世俗裁判所と、カノン法を適用する教会裁判所の努力

⇐

- 11世紀頃から**ローマ法への関心が強まる**

⇐

- 12世紀頃より**北イタリア中心に大学の成立**
＋
ユスティニアヌス法典の発見

→ ローマ法、カノン法の体系的教育 → 留学生たちが両法博士となり、故国に戻り裁判官等として活躍

「そうそう。これ以降、ヨーロッパでは、法は大学で法学者から習うものだという観念が定着するんですよ。大学制度の中で、法を学問的に研究する伝統が受け継がれるわけですね」

キヨミズ准教授がまとめた。こうやって聞いてくると、ローマ法から話を始めるのも納得だ。

ガキ大将の争いが終わり、近代国家先生がやってくる

次のコーナーには、ナポレオンの肖像画が飾られていた。「近代国家の法典編纂」というタイトルの展示だ。キヨミズ准教授が口を開く。

「ガキ大将によるどんぐりの背比べの中世が終わり、担任の先生がやってきます。近代の始まりですね。17世紀以降、ヨーロッパでは、国王や皇帝といった世俗権力の力が強くなり、その地域の権力を独占するようになりますね。この独占に成功した人たちを『主権国家の君主』と言います。君主たちは、巨大な権力を背景に、領域内の法統一に乗り出しますね」

「でも、力だけじゃ、法の統一はできないよね」

とワタベ先生。

「そうなんですね。ですから、体系的な統一法典の編纂という手法を使いました。プロイセンでは1794年に私法・公法双方を含む一万数千条の大法典である『プロイセン一般ラント法』ができますし、オーストリア帝国でも1811年に一般民法典ができますね。プロイセンの法典は、まだ身分社会の法典で、貴族は貴族、平民は平民といった感じで法典ができていますね。オーストリア一般民法典は、ローマ法学の影響を強く受けた非常に抽象的な体系の法典で、現在も現役です。

そして、このテの法典編纂で、特に有名なのは、なんといってもナポレオン法典。ナポレオンは、1804年にフランスの統一民法典であるCode Civilを作ったあと、民事訴訟法典、商法典、刑法典なんかも、まとめます。Code Civilは、文学者も絶賛する、明快で美しい文体だと言われていて、改正は加えられていますが、今でも現役のフランス民法典ですね。フランス革命の精神を反映して、すべての人間を身分から解放された平等な権利主体として扱っていたのが大きな特徴です」

キヨミズ准教授の知識の細かさに唖然《あぜん》としてしまった。年代まで全部覚えているとは。もしかしたら、というか、やっぱり偉い人なのかもしれない。

「これ、去年改訂《かいてい》されたばかりのフランス民法の教科書だよね……」

ワタベ先生が、どう見ても最近出版されたばかりの青い『Code Civil』と題された本の展示を見ながらつぶやいた。僕は、何を考えて展示物を選んでいるのかとしばらく思いをめぐらせたけど、よく分からなかったので、気を取り直して感想を言ってみた。

「統一法典って、ユスティニアヌスみたいですね」

「おっしゃるとおりです。ユスティニアヌスの思想というのは、ヨーロッパの近代的法典編纂に強い影響を与えていると言われますね。

あと、ローマ法の内容は、先ほどからお話ししているように、かなり個人主義的で、例えば、複数の人で一つの物を共有するのは例外的事態であって、共有者には分割請求権がある、って考えたりするんですね。そういうところが、ゲルマン地域の固有法に比べて近代社会に適合的だったと言われます。この頃に作られた法典には、ローマ由来の概念もたくさん登場しますね。例えば、人、物、物権、債権なんていう民法の項目立ては、ローマ法の影響を強く受けていますね。それに、所有権に基づく物の返還請求のことを、いまだに、rei vindicatio とかってラテン語で呼んだりしますね」

「あれっ、カノン法はどうなったの？」

ワタベ先生が珍しく興味を示した。

「近代化の過程で、社会の規範が脱宗教化していって、だんだんカノン法の影響は薄くなっていきますね。でも、カノン法は、中世の法を通じて、現代の法体系にもいろいろ影響を与えていますね。例えば、組織法をしっかり作って教皇権力を統制するなんて発想は、憲法により国家権力を拘束《こうそく》するという、立憲主義と呼ばれる思想の源流の一つですね。あと、合意があれば法典に定めのある典型的な契約でなくても有効な契約だ、とか、正義に反する契約は当事者の外見的な合意があっても無効だ、というような理論の源流だったりしますね。こんな風に、意識はされないけど、源流をさかのぼってみるとカノン法に行き着くなんてことはよくありますね」

「そうなんですか。そう言われると、文部科学省が法科大学院生にカノン法やローマ法も少しは勉強しなさいって言うのも、分からなくはないですね」

と僕。

「そうですね。まとめると、大学で法学を研究・教育するシステムと、統一法典を重視する発想が、ヨーロッパ近代法の特徴ですね。こうした特徴を備《そな》えたドイツやフランスの法体系のことを、『大陸法』って言ったりしますね」

また、パネルが掲示されていた。

港湾大学博物館パネル3

近代国家の法典編纂

近代主権国家の成立 ＝ **国内権力の統一**

↓ ヨーロッパの大陸諸国は、法典編纂により、法を統一しようとする

1794年 プロイセン一般ラント法

1804年 ナポレオン民法典

1811年 オーストリア一般民法典

などなど

↓ ローマ法の影響を強く受けた成文法の体系＝**「大陸法」の形成**

わが道を行くイングランド

次のコーナーは、イギリスとアメリカの国旗を背景に、レゴで作られた四つのおしゃれな建物が展示されている。

「あの、いま『大陸法』っておっしゃいましたよね。なんで、そんな風に呼ぶんですか?」

僕は気になって聞いてみた。

「ああ、これは『英米法』というのと対置《たいち》するんですよ。イングランドは、中世の段階で、既に国王権力が強かったんですね。ですから、国王の設置する裁判所が高い権威を獲得します。国王の裁判所で適用される法は、どの地域にも共通して適用されるべき法、英語で言うとcommon law《コモンロー》だと観念されて、かなり早い段階で、法の全国統一が図られたんですね」

「じゃあ、法典なんかも、早くできてしまうんですか?」

「それがそうでもないんですね。法典にしないまま、裁判所の判決がどんどん蓄積されて、それこそが法源《ほうげん》だと認識されるんですね。そういう法のあり方を、判例法と言います。判例というのは、裁判所が判決の前提にした法解釈やルールのことですね。イングランドには、フランスやドイツみたいな大法典はなくて、議会が作る法律も個別問題についての細かいものが多いですね」

「判例の持つ意味が大きいというのは、いかにも実践重視なイギリス人の考え方っていう感じがするね」

とワタベ先生。

「そうなんですよ。しかも、イングランドでは、判例は、議会の立法に拠《よ》らない限り変更できなかったんです。まあ最近は柔軟になったようですが」

キヨミズ准教授は解説した。

「え、でも、過去の裁判所の判断を裁判所が変更できないというのは、とても窮屈《きゅうくつ》じゃないですか？」

と僕。

「おっしゃるとおりですね。おまけに、コモン・ローの体系というのはやけに形式ばったところがあって、柔軟性に欠けていたらしいんですね。例えば、契約書への署名が詐欺《さぎ》や強迫によるものであっても取り消せない、なんてルールだったようです」

「そりゃひどい。なんとかしないとダメだろう」

ワタベ先生は怒った。

「それで、国王の下に、『コモン・ローでは救済されないのだが、このケースはぜひとも救済が必要だ』という請願《せいがん》が届けられるようになります。そうした請願は、国王重臣の大法官《かん》に委《ゆだ》ねられ、一部の事案では『特別の救済』が与えられるようになるんですね。これは、エクイティと呼ばれます。やがて、コモン・ロー裁判所とは異なるエクイティ裁判所というのもできて、判例を蓄積していきます。こうして、コモン・ローの外に、エクイティという別の法体系ができたわけですね」

こう言ってキヨミズ准教授は、パネルを指した。

港湾大学博物館パネル4

英米法の構造

中世段階で比較的王権が強い

国王の裁判所による法統一が進む。国王の裁判所が適用する法は、共通の法＝コモン・ローと観念

↓

しかし、コモン・ローでは不十分な事案に、大法官による特別の救済

↓

エクイティと呼ばれる

コモン・ロー＋エクイティ、管轄事項が異なる二つの裁判所が併存。裁判所の判例が、主な法源とされる（判例法）
↓
裁判所の厳格な先例拘束主義

「なんだか、ややこしい話だよね。どうもイングランド法というのは、調べにくいというか、敷居《しきい》が高い感じがするんだよね」

ワタベ先生が言った。

「そうですね。あと、イングランドの大学では、法哲学や法社会学など基礎法学の研究や教育はやってたんですが、実定法の研究・教育はやってなかったので、留学生がイングランド法を勉強するのは簡単ではなかったんですね」

キヨミズ准教授は指摘した。

「えっ、大学で実定法の教育してないんですか？」

驚きだ。

「うーん、現在ではだいぶ制度が変わってきたそうで、大学でも実定法学を教えているようですが、伝統的には、実定法教育はInns of Court《インズオブコート》と呼ばれる弁護士の団体が担《にな》ってきたんですね。そうそう、Inns of Courtの建物って四つあって、非常に重要な歴史的建造物に指定されているんです。このレゴブロックは、そのミニチュアで、うちの大学のレゴ愛好会の力作ですね。

それで、このInns of Courtというのは、日本に例えると、弁護士教官だけの司法研修所のようなものでしょうか。まあ、判例を変更できないわけですから、それを評価したり研究したりする意義もあまりなくて、実定法教育としては、実務家の先生が淡々《たんたん》と情報を伝えれば足りたっていう面がありますね」

「フランスやドイツとは、ずいぶん違いますね」

「はい。ですから、『英米法』と『大陸法』は区別されますね。英米法は、ローマ法の影響が弱くて、法典主義ではなく、判例法主義だという特徴があるとされますね」

「あのう、英米法というくらいですから、アメリカも同じような法体系なんですか？」

と僕。

「基本的にはそうです。コモン・ローとエクイティは、イングランドの植民地であるアメリカにも受け継がれました。ただ、アメリカには、厳格な先例拘束主義が成立しなかったんです。裁判所は、自ら判例変更できるんですね」

「そうなると、判例を評価したり批判したりする意味も出てきますね」

「キタムラさん、鋭《するど》いですね。アメリカの大学はLaw School《ロースクール》という大学院を設置して、法学研究と法学教育に取り組み始めますね。19世紀に作られたHarvard Law Schoolがその発端《ほったん》で、以降、いろんな大学がLaw Schoolを設置しますね。

こんな風に、同じ英米法といっても、イングランド法とアメリカ法では、かなり性質が違うんですね。ただ、まあ大雑把《おおざっぱ》な分類としては、英米法と大陸法というグループ分けは有用だと思いますね」

明治政府はなぜドイツ法を参照したのか?

次のコーナーは「日本法の近代化と19世紀ドイツ法学」と題されていた。僕は、「じゃあ、日本法はどうなんですか?」と聞いてみた。

「日本にも、かなり精巧な紛争解決の仕組みやルールがあったようですが、それは西欧近代法とはだいぶ違うものでした。例えば、ルールを網羅《もうら》的に文書にしようなんて発想は弱くて、今で言う刑法の内容が庶民には秘密にされていた、みたいなこともあったようです。日本が近代国家として制度を整え始めたのは、明治維新《いしん》以降ですね。日本史の時間に習うと思いますけど、明治政府は近代的な法体系を輸入して、欧米諸国と対等に外交できる体制を整えたかったわけですね。当時のエリートをイングランド、ドイツ、フランス等に派遣し、西欧法を猛勉強させます。ここで特に参照されたのが、ドイツ法です」

「なんで、ドイツ法だったんですか?」

と僕。

「うーん、いろいろ理由はあるんですけど、当時のドイツには最先端の法典と緻密《ちみつ》な法学があったんですね。初代東大法学部長の穂積陳重《ほづみのぶしげ》先生は、ドイツ法学の活力に魅力を感じ、留学先をロンドンからベルリンに変更したりしていますね」

壁には、その穂積先生の写真が貼《は》ってあった。ちょび髭《ひげ》で神経質そうな顔だ。

「ふーん。そういえば、ドイツ民法典は1888年第一草案《そうあん》、1896年制定、1900

年施行《しこう》だったよね。明治政府から見れば確かに最先端だ。ナポレオン法典に比べると、ずいぶん時代を下っているね」

ワタベ先生が指摘した。ようやく現代の実定法学者にもなじみ深い話になってきたらしい。

「そうですね。ドイツで法典編纂が遅れた理由なんですけど、もちろん、国家統一が遅かったというのが主な要因です。ただ、法学者が慎重だった、という面もあるんですね」

「なんで慎重だったんですか？」

と僕。

「うーん、19世紀初頭に、ドイツ法学界最大の大物サヴィニー先生が法典編纂運動を批判したんですね」

「あ、サヴィニーって、この前、うちの高校に先生が忘れていった……」

「すごい記憶力ですね、キタムラさん。そうです。『現代ローマ法体系』のサヴィニー先生です。サヴィニー先生によれば、法は『民族の確信』たる慣習として成立し、法学者が、その歴史の研究から『指導原理』を発見し、体系化することにより完成するものなんですね。歴史研究が未完成な中でなされる法典編纂は、『時期尚早《しょうそう》』で野蛮《やばん》だ、というわけですね」

「ずいぶん、説教くさい人だね。ところで、この写真、なんの写真だろうね？」

ワタベ先生は、鬱陶《うっとう》しそうに言って、壁の写真を指した。おそらく現代であろう外国の都市部の写真が飾られている。

「ああ、これはベルリンのサヴィニープラッツという広場ですね。旧西ベルリンの中心的な盛り場だったそうです。ベルリンには、カント通りだとかビスマルク通りだとか、歴史の偉人の名前のついた通りや広場がたくさんあるんですね」

「サヴィニー飾るなら、肖像画とか、著作とか、いろいろあるだろうに……」

ワタベ先生は、また呆れた。


「ははは。それで、ドイツでは、今お話ししたような歴史法学が優勢になるんですね。歴史法学には、ローマ法史を研究するロマニステンと、ゲルマン法史を研究するゲルマニステンの二派閥《はばつ》があったんですが、主流を占めたのは、サヴィニー先生に代表されるロマニステンでした。

やがてロマニステン歴史法学は、パンデクテン法学と呼ばれるようになります。ローマ法大全の『学説彙纂』をギリシア語でパンデクタエ（pandectae）と言うのですが、これに由来する用語ですね。法の歴史をしっかり学んで、そこから『人と物の区別』とか、『契約の類型論』といった法の根本的な概念を把握しようとする学派だったので、概念法学とも呼ばれますね。網羅と分類の枠《すい》を極めた時代ですね。百貨店の成立です」

「なんだか堅苦しそうだなあ。概念の歴史を研究するにしても限界があるはずで、もっと自由な思考で社会問題を捉《とら》えないと、良い立法や解釈論はできないでしょ」

ワタベ先生が力説した。

「ははは。そういう主張も、有力でした。でも、しっかりした概念があってこそ、新しい問題にも対応できる、という面もあるでしょうね。そんなわけで、19世紀末のドイツというのは、民事法、刑事法、公法と、あらゆる分野でかなり完成度の高い概念法学が展開した時期だったんですね。これが、19世紀末から20世紀初頭のドイツ帝国の法典編纂を支えます。

ちょうど、この時期に近代化した日本は、学説にせよ法典にせよ、ドイツの影響を強く受けたんですね。現代の日本法学は、フランスやアメリカからも大きな影響を受けていますけど、ドイツ由来の概念法学の枠組みや発想がベースにあることは否定できませんね。

というわけで、現代のわれわれにとってもローマ法や西欧法は、まったく関係ない法体系ではないんですね」

話が現代まで来たところで、僕たちは最後のコーナーにやってきた。

成文法の思想を極限まで推《お》し進めた近代の法工場

最後のコーナーは「近代社会の法工場」と題されていて、永田町の国会議事堂、ワシントンの連邦議会、ロンドンのビッグベン、ドイツのブンデスターク、ソウルの国会議事堂などの置物が並べられている。

「なんだか、お土産《みやげ》屋さんみたいだな」

ワタベ先生がつぶやいた。

「このコーナーは私が担当したんですね。全部、私が旅行したり出張したりしたときにお土産として買ってきたものですね。私物なんで、持ち出さないで下さい」

たぶん、だれも持っていかない。

「どこの国も同じようなお土産売っているもんだね」

ワタベ先生が呆れてつぶやく。

「ははは。そうなんですね。今度、フランスのストラスブールに出張の予定なんですが、あそこにはEU議会の議事堂があるんですね。だから、欧州議会本会議場の置物、買ってきますね」

ワタベ先生は、キヨミズ准教授の発言を無視して言った。

「それにしても、人々を従わせる法を作るのは、本当に大変な作業だなあ。古来からの慣習を持ち出したり、古代帝国の権威を借りてきたり、大学で勉強した博士を使ったり」

「そうですね。ただ、産業・技術・経済など様々な側面で変化が激しい近代社会では、迅《じん》速《そく》・大量・効率的に法が生産される必要がありますね。そこで、近代社会は、立法権という概念を生み出しますね。これは、ローマに由来する成文法の思想を極限まで推し進めた特殊な概念ですね」

とキヨミズ准教授。

「えっ？　立法権って、当たり前の概念なんじゃないの？」

ワタベ先生が聞いた。

「そうでもないんですね。例えば、中世社会では、法は、特定の人が権限を行使して作るものではなく、慣習の積み重ねにより自然にできるものだという考えも根強かったんですね。

近代社会になってようやく、法は立法権者が意思によって作るものとされますね。近代初期のうちは、君主と議会が立法権の取り合いをしまして、この事項は君主、この事項は議会、といった感じで事項ごとに分担していたんですが、現代では、議会があらゆる事項の立法権を独占します。近代議会は、非常に優秀な法工場なんですね」

「どういうところが優秀なんですか？」

と僕。

「まず、速さです。議会が議決するだけで法ができるんですから、慣習の成立とは比較にならないくらい迅速に新しい法を作れます。あと、法案に反対する人を武力で制圧したり、大金をかけて買収したりする必要もないので安いですね。それに、議会の立法権はいかなる事項にも及びますので、幅広く大量に法を提供できますね」

確かに優秀な工場だ。こう思っていると、キヨミズ准教授は「ほら、これは私の作ったパネルですね」と言った。

港湾大学博物館パネル5
近代社会の誇る法工場

法工場 ＝ 立法権を有する議会

速い！
問題が起きたら、慣習の成立を待つまでもなく立法します！

安い！
血を流す必要もありませんし、かかる費用も清掃代と議員歳費《さいひ》だけです！

多い！
事項や分野の限定なく大量に供給できます！

牛丼屋の宣伝のテンションだ……。

「こういう高性能の法工場があるからこそ、近代社会を運営していけるわけですね。法学史や法制史を勉強すると、これがいかに特殊な法工場で、貴重なものかを実感できますね」

これがキヨミズ准教授のまとめだった。

ここまで見終わったところで、ちょうど閉館時間だった。どうかと思ったこともいろいろあったが、要領よく法の歴史が学べる展示だった。大学博物館は、なかなか面白い。

博物館の出口には、展示の次回予告のポスターが貼ってあった。次回は、「建築学科研究室対抗！　東西名建築模型対決」だそうで、今回、中世荘園の模型を作ったフィギュア制作部は、「レム・コールハース大全」で挑むようだ。すごく面白そうだから、また来てみることにしよう。

*

博物館を出るとき、キヨミズ准教授は、封筒を三通渡してくれた。ＵＦＯ＝火の玉事件のときに約束した参考文献を書いた手紙だ。「なんでもいいから面白い本」のリストが書いてある岩渕さんへの手紙がすごく気になる。あとで岩渕さんに見せてもらおう。

僕は、ＵＦＯを一緒に探し回っただけの高校生に、丁寧に手紙を書いてくれる二人の親切さに感激して、お礼を言った。すると、キヨミズ准教授が、「ははは。ちょっと疲れてい

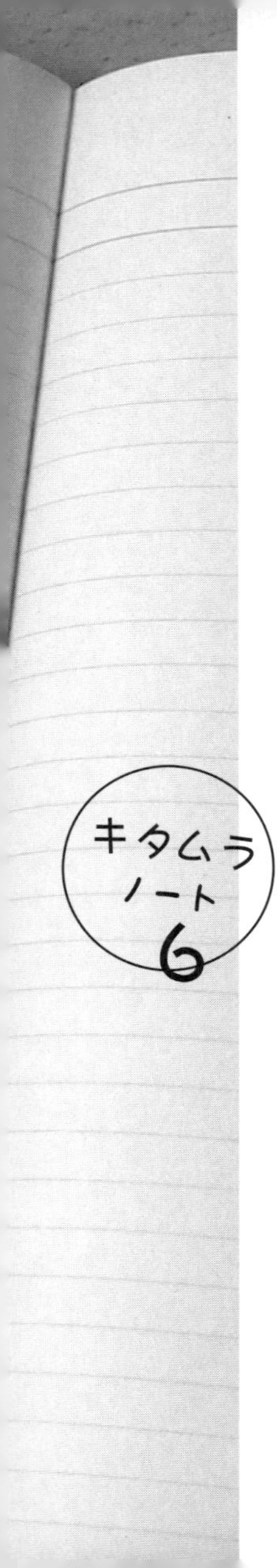

て研究に集中できなかったときに、ワタベ先生に便箋《びんせん》を買ってきてもらって、一緒に書いたんですね。私も、いい気持ちの切り替えになりましたよ」と言った。また、ワタベ先生をパシリに使っている……。本当に良い人だ。

そんなことを考えていると、大学の正門に着いた。ワタベ先生は、大学の研究室に戻って研究をするらしい。キヨミズ准教授は、娘さんを保育園に迎えに行くそうだ。僕は、二人にもう一度お礼を言って、ＪＲの駅に向かった。

法と法学の歴史

古代ローマ　共和制ローマで法と法学が成立

↓

中世封建社会　ユスティニアヌス帝が法典化

↓

ローマ滅亡 --→ 群雄割拠
フェーデの横行 --→ 地域固有法（ゲルマン法）の発展
--→ 教会法（カノン法）の発展

中世イタリア　ローマ法の再発見 ←
大学教育による法学の発展

↓

近代初期　各国で法典編纂（例 ナポレオン法典）

近代ドイツ　パンデクテン法の発展
--→ 日本に輸入

（重要！）＊法には歴史があり、
近代法の理解にはそれを学ぶことが重要！

Epilogue

重力の存在を忘れるほど楽しい

翌日の放課後、僕は、預かった手紙を渡すために、岩渕さんと村山さんを探していた。ホームルーム後、帰り支度《じたく》を終えたら、二人は既にどこかへ行ってしまっていたのだ。今日はバレー部の練習は休みのはずだから、もう帰ったのだろうか。

廊下をフラフラしていると、タヌキおやじ校長が、二人は進路指導室に行ったと教えてくれた。

進路指導室は、東棟2階の角だ。各大学のパンフレット、赤・青・緑の入試過去問集がそろっている。視聴覚スペースもあって、映像資料も見ることができる。

部屋に入ると、二人は閲覧《えつらん》室で港湾大学のパンフレットと赤本を見ていた。二人は、そろそろ本格的に進路を考えようと、志望校のことを調べに来たんだろう。

「あれ、組長。どうしたの？」

岩渕さんが僕に気づいて聞いた。

「昨日、キヨミズ准教授とワタベ先生から手紙を預かったから、渡そうと思って……」

僕は、二人に手紙を渡した。岩渕さんが、「あのさ、組長がもらった手紙も見せてよ。私のも見せてあげるから」と提案する。そんなわけで、僕たちは、二人の先生の手紙を読むことにした。

僕宛ての「法学に関する面白い参考文献」についての手紙には、こんな風に書いてあった。まず、ワタベ先生の手紙。

ワタベ先生の法学面白参考文献

キタムラ君

渡部龍平です。

先日は、同僚がいろいろとご迷惑をおかけしました。いや、キタムラ君には、あの同僚がご迷惑をかけ通しですね。本当に失礼しました。

法学についての参考文献ということで、いろいろと考えてみました。僕の方からは、実定法の入門的な文献を紹介します。それ以外の文献については、清水さんの手紙を見て下さい。

実定法の基本は、出前講義でも話しましたように、憲法・民法・刑法・商法（会社法）・民事訴訟法・刑事訴訟法の六法です。

憲法については、長谷部《はせべ》恭男《やすお》先生の『**憲法と平和を問いなおす**』（ちくま新書・2004年）と『**憲法とは何か**』（岩波新書・2006年）がお勧めです。長谷部先生は、東大憲法講座の先生で、英米法哲学やフランス政治学なんかにも強い大先生です。

あと、もうすぐ出る木村草太君『**憲法の創造力**（仮題）』（NHK出版新書・2013年出版予定）も良いと思います。木村君はひねくれ者だけど、そのおかげで刺激的な解釈論を提示したりします。最近話題の君が代斉唱《せいしょう》命令なんかも詳しく検討されています。

民法の入門は、内田貴《たかし》『**民法改正　契約のルールが百年ぶりに変わる**』（ちくま新書・2011年）、大村敦志《あつし》『**民法改正を考える**』（岩波新書・2011年）がいいでしょう。内田先生は、アメリカ留学組で、グローバルスタンダードと日本の取引法みたいな視線で勉強するのにお勧めです。大村先生はフランス留学組で、人が人として生きるとはどういうことか、についてきちんとした思想がないと、民法は語れない、という姿勢で民法を解説しています。

商法については神田秀樹先生の『**会社法入門**』（岩波新書・2006年）、刑法・刑事訴訟法は、山口厚《あつし》先生の『**刑法入門**』（岩波新書・2008年）が定番です。会社法の本って、分厚いのが多いんだけど、神田先生は圧倒的にスッキリ教えてくれます。山口先生は、うーん、ちょっとタダものじゃないなっていう空気があって、文章もすごく鋭いです。

民事訴訟法については、山本和彦『**よくわかる民事裁判　平凡吉《たいらぼんきち》訴訟日記**』（有《ゆう》斐閣《ひかく》・2008年）がお勧めかな。民事訴訟に巻き込まれてしまったお爺《じい》さんの日記形式で、民事訴訟法の入門的な内容を教えてくれます。

あと、僕が専攻している知的財産法については、ちょっと古いんだけど中山信弘《のぶひろ》『**マルチメディアと著作権**』（岩波新書・1996年）がお勧めです。知的財産法がなんのためにあって、僕たち知的財産法学者がどんなことに苦労しているのか、よく分かる本だと思います。

赤ひげ小人や動物園と、キタムラさんとは、ずいぶんたくさんお話ししましたね。礼儀正しく、適切に疑問をぶつけてくれて、僕としてはとても楽しい時間でした。ぜひ、学園祭にでも遊びに来て下さい。
では、またお会いできるのを楽しみにしています。

渡部龍平

ずいぶん真面目な手紙だった。紹介されている本も、新書が中心で、信頼できそうだ。
実定法科目は難しそうだけど、僕もチャレンジしてみよう。
次のキヨミズ准教授からの手紙には、こんなことが書いてあった。

キヨミズ
准教授の
法学面白
参考文献

キタムラ君

どうもこんにちは。清水一彦です。

実定法の入門書については、渡部先生から説明があると思うので、私は、法学一般の入門書と基礎法学の本などを紹介しますね。

ええと、まず、オーソドックスな構成の法学入門としては、南野森《しげる》編『**ブリッジブック法学入門**』（信山社・2009年）がありますね。法解釈とは何か、とか、法学の歴史に続いて、実定法の概説や入門的な論文が掲載されています。

あと、やはり重要な入門書としては、長尾龍一先生の『**法学に遊ぶ**』（慈学社・2008年）、『**法学ことはじめ**』（慈学社・2007年）、『**法哲学入門**』（講談社学術文庫・2006年）の三冊ですね。どれを読んでも法学全般にわたるユーモラスな記述が魅力ですね。長尾先生は、日本を代表する法哲学者で、ハンス・ケルゼンというノーベル法学賞（そんな賞ないですけど）ものの大法学者の研究で有名です。至高《しこう》の名著『**法哲学概論**』（弘文堂・2000年）の著者、碧海《あおみ》純一先生の高弟ですね。

法哲学というのは、法概念論とか、法思想とか、いろいろな問題を扱う分野なんですが、最近、マイケル・サンデル先生のこれからの正義のなんちゃら、――ええと、原著のタイトルは『Justice』ですか――と、ジョン・ロールズ先生の『正義論』なんかが有名になったおかげで、正義論を扱う学問だと思われているんですね。その分野の日本の権威というと、井上達夫先生で、その主著**『共生の作法』**（創文社・1986年）は堂々のサントリー学芸賞受賞です。あと、正義論にからめて言うと、奥平康弘先生の**『憲法の想像力』**（日本評論社・2003年）がすごくオススメですね。奥平先生は憲法学者ですけど、その正義に関する洞察《どうさつ》は並の法哲学者の比ではないですね。

その他に基礎法学っていうと、法社会学、法と経済学、外国法ですね。うーん、法社会学は、かなり難しい科目なんで、あまり入門書ってないんですね。法と経済学については、『法学教室』という雑誌の259号から268号まで連載された藤田友敬《ともたか》先生の**「Law and Economics 会社法」**の記事がすごく参考になりますね。まあ、ちょっとハードルが高いので、眺めるだけでも。

外国法の入門書ですが、アメリカ法については、田中英夫先生の**『ハーバードロ**

ースクール』（日本評論社・1982年）という名著があって、ハーバードで日本法を教え、東大で英米法を教えた田中先生のケンブリッジでの生活が描かれています。そうそう、ちなみに、ハーバード大学って、アメリカ合衆国マサチューセッツ州ボストンのケンブリッジという地区にあるんですね。ハーバードなのにケンブリッジです。

でも、さすがに古いので、最近のアメリカ法について知りたいというのであれば、有斐閣から出ている**『外国法入門双書《そうしょ》』**が良いですね。アメリカ法、ドイツ法、イギリス法、中国法といろいろそろっています。

そうそう、最後に法学の歴史ですが、これもかなりハードルの高い分野で、入門書がほとんどないんですね。オススメは、碧海純一・伊藤正己《まさみ》・村上淳一編**『法学史』**（東京大学出版会・1976年）で、この分野の古典的教科書ですね。最近書かれたものだと、勝田《かつた》有恒《ありつね》・森征一・山内進**『概説西洋法制史』**（ミネルヴァ書房・2004年）が有益です。ただ、この辺は、入門書というより、やはり大学の教科書レベルですね。

あとは、ローマ法ですね。この分野はクセの強い本しかないですが、やはり、木《こ》庭《ば》顕《あきら》先生の**『現代日本法へのカタバシス』**（羽鳥書店・2011年）をオススメします。木庭先生は、東大でローマ法を教えているんですが、この本の冒頭には『法学教室』という雑誌に連載していた小説が掲載されています。16世紀のイタリア人が日本にワープしてしまって、ローマ法と日本法のギャップを嘆《なげ》く、そんな話です。えっ？『テルマエ・ロマエ』のパクリじゃないかって？　違います。木庭先生の連載の方が、あのマンガよりも先ですね。

あと、最後に、新書レベルで、パパッと法学の概要や法的思考を学びたいという方向けには、木村草太という人が書いた**『キヨミズ准教授の法学入門』**（星海社新書・2012年）というのがありますよ。ちょっとおかしな法学部の先生と高校生が対話するという物語形式で、読みやすいと思いますね。

ではでは、今度はうちの大学の学園祭にでも、遊びに来て下さい。藤枝さんや岩渕さんや村山さんを誘って。アオフビーダーゼーン。

清水一彦

……。実物そのまんまの文章だ。まあ、でも、紹介された本はどれも面白そうだ。時間があるときに、図書館や本屋で探してみよう。

村山さんへの手紙も、だいたい同じような内容だったようだ。じゃあ、岩渕さん宛ての「なんでもいいから面白い本」のリストはどんな内容だったんだろう?

岩渕さんは、楽しそうに手紙を読み終わると、僕たちにも見せてくれた。まず、ワタベ先生からの手紙はこんな感じだった。

ワタベ先生が紹介するなんでもいいから面白い本

岩渕様

渡部龍平です。

先日は、同僚がいろいろとご迷惑をおかけしました。その後、例の火の玉についてはいろいろ調査がされましたが、結局、何もわかりません。不思議なことってあるものですね。


さて、なんでもいいから面白い本ということですが、まず、内藤廣《ひろし》『**環境デザイン講義**』(王国社・2011年)をお勧めします。

内藤先生は建築家で、この本は、東京大学での空気環境――ええと、いわゆる空調や通風・湿度管理など、空気によって作られる環境です――や音声環境についての講義をまとめたものです。この本の魅力は、人間や素材に対する愛着・愛情と、冷静な科学的分析が同居していることだと思います。

目次を見ると、「光・熱・水・風・音」といった、建物の設備の本とは思えないような項目が並んでいます。そして、例えば、「音とは出会いである」といったような詩的な分析がある一方、人間が持っている熱センサーは絶対値を測る温度計ではなく、体内・体外の温度差を測るセンサーなのだ、というような淡々とした解説があり、これらが合わさって、建築設備をどうデザインするか、という話が展開されます。このような人間と環境に対する視点は、工学系の専門家のみならず、様々な分野の人に読んでほしいと思います。高校生でもきちんと読める、明晰《めいせき》で面白い本です。

建築の本ですと、他に、山本理顕《りけん》『**地域社会圏主義**』（LIXIL出版・2012年）もお勧めです。新しい社会構想を背景に、面白い住宅の形が描かれています。

山本先生は、プライバシーとセキュリティーのことしか考えない現代の住宅設計、具体的に言うと鉄の扉で3LDKを閉じてしまう住宅に非常に批判的なんです。それに対するアンチテーゼとして、リビングやお風呂場や書斎《しょさい》といったスペースを大規模に共有して、完全にプライベートな部分を極小化する構想で、住宅のなかに「地域社会」の領域を作ってしまおうという住宅の設計を示しています。住宅って、こんなに自由に構想できるんだな、という発見に充《み》ちた本です。岩渕さんなら、きっと、この住宅に住んでみたくなりますよ。

そういえば、岩渕さんは高校生なので世界史を勉強中ですよね。そうすると、ベネディクト・アンダーソン**『想像の共同体　ナショナリズムの起源と流行』**（翻訳多数、最新は書籍工房早山・2007年）もお勧めです。この本は、ナショナリズムという現象を扱っているのですが、世界史の教科書と併せて読むと、大航海時代や近代化の流れが、人々の精神にどんな影響を及ぼしたのか分かってきて、世界史が面白くなると思います。この本は、「『無名戦士の墓』は分かるけど、『無名マルクス主義者の墓』があったら滑稽《こっけい》なのは、なんでだろう?」みたいな話から始まって、とっつきやすいです。

世界史ついでにもう一冊ご紹介しますと、橋爪《はしづめ》大三郎先生の**『世界が分かる

宗教社会学入門』（ちくま文庫・2006年）も、お勧めです。橋爪先生は、大澤真幸《まさち》先生との対談『ふしぎなキリスト教』（講談社現代新書・2011年）が大ベストセラーになりましたが、この本では、ユダヤ教、キリスト教、イスラム教、仏教の基本的な考え方が説明されています。宗教がいかに強く人の生活に根を張っているか、ということを理解する上で有益な作品です。こちらも、やはり世界史の教科書と併せて読むと面白さが増すと思います。

また、橋爪先生の社会学理論を勉強できる好著として**『言語ゲームと社会理論』**（勁草《けいそう》書房・1985年）も、お勧めです。

最後に、すごく好きな文学作品を紹介します。フィリップ・クローデル**『リンさんの小さな子』**（みすず書房・2005年）です。フランスの植民地支配を背景に、複雑な悲しさを描いています。ストーリー構成は完璧で、余計な装飾を排した描写が美しいです。この作品を読むと、本当に大切なものを失った感覚は、こう表現せざるを得ないのだ、という気がしてきます。クローデルは、最も新刊が楽しみな現代作家ですね。

それでは、またお会いできる日を楽しみにしています。ウォーリーのパネル楽しかったです。今度は、本学の学祭にお越し下さい。

渡部龍平

ワタベ先生は、見かけ通り、理論的でアカデミックな本が好きなようだ。

『リンさんの小さな子』は読んだことがあるけど、確かに独特の読後感のある泣ける本だ。

ワタベ先生がこの本を好きだというのは、意外と言うべきか、やっぱりと言うべきか。

続いて、僕は、キヨミズ准教授の手紙を見せてもらった。

岩渕様

こんにちは。清水です。私は、今でもあの火の玉を脱走したペンギンの仕業《しわざ》だと考えているんですね。今、美化委員会に上げる資料を作っているところです。

それはさておき、なんでもいいから面白い本を、ということなので、思いつくままに。

まず、**『ピタゴラ装置 DVDブック』**（小学館・2006年〜）ですね。この本というかDVDの素晴らしさは、見て頂ければすぐに分かっていただけるはずですね。というわけで、ぜひご覧ください。

えーと、他に思いつくのは、ナンセンスの神様、長新太《ちょうしんた》先生の**『ごろごろにゃーん』**（福音館書店・1984年）です。幼児用の絵本というのは、まあ、アンパンが空を飛んだり、大根がお話ししたりと、基本的に不条理な世界なんですが、この絵本の不条理さは群を抜いています。**『にゅーっ　するするする』**（福音館書店・1989年）と併せてどうぞ。

それから、ボルヘス**『伝奇集』**（岩波文庫・1993年）がオススメですね。ええと、こんなクイズを考えてみて下さい。「∞－∞」（無限引く無限）って、いくつになるでしょう？　無限引く無限なので、要するに、「すべての自然数マイナスすべての自然数」とか「すべての自然数マイナスすべての奇数」とか「すべての自然数マイナス3以上のすべての自然数」みたいな計算ですね。このクイズの面白さ、というか、捉えどころのなさにピンときたら、ぜひ、この短編集の「バベルの図書館」をお読み下さい。きっと私の言いたいことが伝わると思います。

ちなみに、私がこの短編集で一番好きなのは、「トレーン、ウクバール、オルビス・テルティウス」です。男二人が百科事典を照らし合わせると、同じ書籍の同じ版なのに、片方にだけ、もう一方にはない項目「トレーン」があって……、と不思議な始まりです。読まずにはいられないですね。

ボルヘスの話をしていたら、なんのことやらわけが分からなくなってきました。若い方に向けた小説としては、新城カズマ**『サマー／タイム／トラベラー』**（早川書房・2005年）とか、山本弘**「メデューサの呪文」**（『まだ見ぬ冬の悲しみも』収録／早川書房・2006年）とか、好きですけど、えーと、岩渕さんの趣味に合いますかどうか。

ええとですね、新城先生の本はですね、なんといっても章ごとに挿入《そうにゅう》される地図が素晴らしいんですよ。地図。トールキンの『指輪物語』もそうでしたけど、ほら、地図があると、ぐっと世界に入り込めるじゃないですか。不思議ですよね。あの感覚。山本先生の方は、ええ、言葉って怖いな面白いな、というそんな作品ですね。たった8行の詩が人類絶滅の危機を呼ぶという、ぶっとんだアイデアに、SFマガジン読者賞受賞も納得ですね。

それから、ジャン＝フィリップ・トゥーサン**『浴室』**（集英社文庫・1994年）が、また素晴らしいんですね。本当に、何も起きない不条理なだけの話を、よくもまあ、ここまで読ませる小説に仕上げたものですね。同じ作者の**『テレビジョン』**（集英社文庫・2003年）は、私がベルリンのフンボルト大学留学中に読んだのですが、ベルリンが舞台で、古文書《こもんじょ》学者が主人公でと、なんだか自分が主人公になったような気分でした。こちらもすごいですよ。何がすごいって、長編小説なのに、主人公が何一つまともなことをやりません。私、ベルリン滞在中は、短い論文を日本語とドイツ語で一本ずつ書いただけでした。帰国時に、テーゲル空港で、なんと自分は生産性の低い人間なんだろうと愕然《がくぜん》としましたが、『テレビジョン』の主人公の生産性の低さは、私なんて比じゃありません。それを小説に仕上げる筆力、文学的素養《そよう》たるやもう。ぜひお読み下さい。

まあ、いろいろ紹介してきましたけど、やっぱり本というのは、自分が読みたいなと思ったときに、読みたいところで、楽しく読まなくてはいけないんですよね。そういうことさえ分かっていれば、良いのではないかなという気がしますね。

ではでは。

清水一彦

PS　そうそう、うちの大学祭では、毎年、柔道部のおでん屋さんの隣で、中国からの留学生の方々が「本場中国家庭料理」の模擬店出すんですけど、ここの水餃子とゴマ団子が絶品なんですね。あと、オペラ研究部・化学実験部・ミステリ研究部の三部連合が出店する旧学生寮を舞台にしたお化け屋敷のクオリティは、あまりに怖すぎて、もはやお化け屋敷などというレベルではありません。ぜひ、みんなで食べ、そして遊びに来て下さいね。

やっぱり、ふざけているのか、本気なのか分からない。

この手紙を見て、村山さんは、思わず笑顔になっていた。村山さんも「ピタゴラスイッチ」のファンらしい。彼女は、ピタゴラと言われてもなんのことやら分からなかった僕と岩渕さんに、DVDブックを貸すことを約束してくれた。

そして、岩渕さんは、クラスの連中を誘って、三部連合のお化け屋敷に突撃することを提案したのだった。

港湾大学の文化祭は、11月のはずだ。

手紙を読み終え、僕たちは、気分転換に視聴覚コーナーにやってきた。ここでは、各大学の映像資料の他、放送大学が見放題らしい。「大学の講義に興味をもってもらうため」のサービスらしいけど、ありがたいのかありがたくないのかよく分からない。

番組表を確認すると、ちょうど「法学入門」の時間だった。講師は港湾大学のナカムラ先生。キヨミズ准教授やワタベ先生の同僚だ。これも何かの縁《えん》だし、ちょっと見てみようということになった。村山さんが電源を入れる。

映し出されたのは、「このスタジオには重力が働いているのか?」と思わせるくらいの、すごい寝癖の先生だった。無重力先生は、まず、こんなことをしゃべり始めた。

「自覚的にせよ無自覚的にせよ、法という概念をその研究の純粋範疇《はんちゅう》としての基礎に置く法学者は、そして、厳密に歴史的に限定された具体的秩序における概念的精神態度を採る人間の全体志向性を有《ゆう》する法学徒は、この法なるものを、つまり、法なる言葉が現出させるところの、あのイメージとしての人間行態と人間精神を、思惟《しい》様式として、あるいは、隠蔽《いんぺい》された具体的形象として捉えます」

無重力先生は、ここで遠い目をして、右斜め45度の角度を見上げた。何かに感じ入っているらしい。そして、わけの分からない外国語を2、3つぶやいたあと、こちらを見て、また話し出した。

トーンは先ほどから一段低くなり、世界的な危機である隕石《いんせき》の衝突を前に、人類にできる唯一のことを指し示そうとするかのような強い口調になっている。

「こうした通俗的ではあれ、低次元の区別標識を排した法学的思惟というものは、それが固有の新分野というわけではない、正しい了解と実存的な関与者を捉える道徳的には善《ぜん》、美学的には秀《しゅう》、とされる行動態様を指し示す概念的思惟でなければならないのです。かの法学者パピアヌスは、政治的性格の下位成体としての国家分肢《ぶんし》としての王族と皇帝の間の距離を見定め、経済的あるいは無制約的に非政治的な論争の場となった著名なゲータ論争において、自然的秩序としての具体的共同体の卑俗《ひぞく》な国家観から脱却し、一般思想の統一体的な直接的効果としての無制約的交通執行権を論じたのであります」

その目は、真剣そのものだった。これ以上真剣な眼差《まなざ》しを、僕は見たことはない。右手は固く握りしめられ、このメッセージを視聴者に届けなければならないという使命感が伝わってくる。そして何より、このことを人に伝えることができて、心から神に感謝するという姿勢が感じられる。

惜《お》しむらくは、何を言っているのか、僕にはさっぱり分からないことだ。村山さんですら、「どうやら日本語をしゃべっているらしい」ことが辛《かろ》うじて分かっただけだった。そんなわけで、5分だけ頑張って電源を落としてしまった。

「なんだか、すごい先生だったね。あんな授業、ついていける人いないよ」

岩渕さんが断言した。

「そうね。でも、私は、あの先生嫌いじゃないよ。熱意にあふれていて、それに、すごく楽しそうだったじゃない」

確かに、そうだった。映像からは、ナカムラ先生の、「これを誰かに伝えなくてはいけない」というメッセージが痛いほど伝わってきたし、重力の存在を忘れているのでは、と思わせるほど、楽しそうだった。

特に法学に興味はなかったけど、キヨミズ准教授とワタベ先生の話を聞いて、法律家と呼ばれている人たちがどんなことを考えているのか、その仕事のどんなところが魅力的なのか、なんとなく分かった。自分が立てたルールの帰結を考えながら、公平で、多くの人が納得できるルールを創造する法律家の作業は、クリエイティブでとても楽しそうだ。

法学部や法科大学院を進路の選択肢に加えても、いいかもしれない。そう思っていると、村山さんが聞いてきた。

「キタムラくんは、法学部進学は考えないの？」

「うーん、そうだなあ……」

どうやって答えようか迷っていると、岩渕さんが言った。

「あのねえ、法律家には私のような強い正義感が必要なの！　組長みたいに、万事を他人《ひと》事《ごと》のように見てしまう人間には向いてないわよ」

でも、そんなことを言ったら、キヨミズ准教授だって、いつも他人事のように話す人だったじゃないか。それに、岩渕さんに向いてるのは、絶対に政治学科だと思う。クラスは、彼女の思う通りに回っているんだから。

そう言おうと思ったけど、岩渕さんの言うこともっともな気がして、口には出せなかった。

そして、村山さんがまとめのひと言を言った。

「まあまあ。自分が楽しいと思えることやるのが一番なんじゃない」

＊

その日は、こんな風にして解散になった。

帰り道で、僕は、もう一度、法律家という仕事が自分に向いているのかいないのか、考えてみた。でも、結局分からなかった。

まあ、向いているとか、向いていないとかは、他人に決めてもらうようなものじゃないんだろう。その分野の本を読んで、もっと知りたい、考えたいと思うなら、それは自分に向いているということだ。逆に、その分野を勉強してみてワクワクしないなら、その人がどんなにＩＱが高くても、記憶力が良くても、向いていない、ということなんだろう。

やっぱり、村山さんの言う通り、自分が心から楽しいと思えることをやるのが一番に違いない。

そういうわけで、僕は今日も、県立図書館へ行く。自分に「向いている」本が見つかるかもしれない。

Illustration／石黒正数

星海社新書25

キヨミズ准教授《じゅんきょうじゅ》の法学入門《ほうがくにゅうもん》

二〇一二年一一月二一日 第一刷発行
二〇二〇年 八 月二四日 第一二刷発行

著者 木村草太《きむらそうた》
©Sota Kimura 2012

発行者 太田克史《おおたかつし》
編集担当 柿内芳文《かきうちよしふみ》
編集副担当 平林緑萌《ひらばやしもえぎ》

発行所 株式会社星海社
〒一一二-〇〇一三
東京都文京区音羽一-一七-一四 音羽YKビル四階
電話 〇三-六九〇二-一七三〇
FAX 〇三-六九〇二-一七三一
https://www.seikaisha.co.jp/

発売元 株式会社講談社
〒一一二-八〇〇一
東京都文京区音羽二-一二-二一
(販売)〇三-五三九五-五八一七
(業務)〇三-五三九五-三六一五

印刷所 凸版印刷株式会社
製本所 株式会社国宝社

ブックデザイン 吉岡秀典《よしおかひでのり》(セプテンバーカウボーイ)
フォントディレクター 紺野慎一《こんのしんいち》
イラスト 石黒正数《いしぐろまさかず》
校閲 鷗来堂《おうらいどう》

ISBN978-4-06-138527-6
Printed in Japan

25
SEIKAISHA SHINSHO

星海社新書ラインナップ

9 20歳の自分に受けさせたい文章講義 古賀史健

「書く技術」の授業をはじめよう！

なぜ「話せるのに書けない！」のか。若手トッププロライターの古賀史健が、現場で15年かけて蓄積した「話し言葉から書き言葉へ」のノウハウと哲学を、講義形式で一挙に公開！

70 全国国衆ガイド 戦国の“地元の殿様”たち 大石泰史・編

全国514氏、津々浦々の殿様たち！

戦国時代、守護や戦国大名の介入を受けず、時には郡規模に及ぶ領域を支配した国衆たちがいた。本書は、一般書として初めて国衆を網羅的に扱った。中世史研究の最前線がここにある！

84 インド人の謎 拓徹

なぜ、カレーばかり食べているのか？

神秘、混沌、群衆……とかく謎めいたイメージのつきまとうインドですが、神秘のヴェールを剥いでしまえば「普通の国」!? インド滞在12年、気鋭の著者による圧倒的インド入門書！

SEIKAISHA SHINSHO

次世代による次世代のための

武器としての教養
星海社新書

星海社新書は、困難な時代にあっても前向きに自分の人生を切り開いていこうとする次世代の人間に向けて、ここに創刊いたします。本の力を思いきり信じて、みなさんと一緒に新しい時代の新しい価値観を創っていきたい。若い力で、世界を変えていきたいのです。

本には、その力があります。読者であるあなたが、そこから何かを読み取り、それを自らの血肉にすることができれば、一冊の本の存在によって、あなたの人生は一瞬にして変わってしまうでしょう。思考が変われば行動が変わり、行動が変われば生き方が変わります。著者をはじめ、本作りに関わる多くの人の想いがそのまま形となった、文化的遺伝子としての本には、大げさではなく、それだけの力が宿っていると思うのです。

沈下していく地盤の上で、他のみんなと一緒に身動きが取れないまま、大きな穴へと落ちていくのか？　それとも、重力に逆らって立ち上がり、前を向いて最前線で戦っていくことを選ぶのか？

星海社新書の目的は、戦うことを選んだ次世代の仲間たちに「武器としての教養」をくばることです。知的好奇心を満たすだけでなく、自らの力で未来を切り開いていくための〝武器〟としても使える知のかたちを、シリーズとしてまとめていきたいと思います。

2011年9月

星海社新書初代編集長　柿内芳文

SEIKAISHA SHINSHO